111 MAL WISSEN

Weltgeschichte

Karolin Küntzel

compact via

compact via ist ein Imprint der Compact Verlag GmbH

Text: Karolin Küntzel
Redaktion: Isabella Bergmann, Tanja Greiner
Produktion: Wolfram Friedrich
Abbildungen: siehe Bildnachweis Seite 128
Titelabbildung: fotolia.de/DX
Gestaltung: h3a GmbH, München
Umschlaggestaltung: h3a GmbH, München

ISBN 978-3-8174-8074-6
5480741

www.compact-via.de

INHALT

20. Jahrhundert bis heute

Alt- und Mittelsteinzeit

Das Leben in der Altsteinzeit (griech. Paläolithikum) und Mittelsteinzeit (Mesolithikum) ist von großen Klimaveränderungen geprägt.

WER?	Homo erectus, Urmensch (ca. 400.000–300.000 v. Chr.) Homo sapiens neandertalensis, Neandertaler (ca. 120.000–30.000 v. Chr.) Homo sapiens sapiens (ca. 35.000–10.000 v. Chr.)
WANN?	500.000–5500 v. Chr.
WO?	Nord- und Mitteleuropa

Die menschliche Entwicklung vollzieht sich in der Steinzeit vom Homo erectus, dem aufrecht gehenden **Urmenschen**, zum Homo sapiens sapiens, dem **Jetztmensch**, auch „wissender Mensch" genannt. Der Homo sapiens neandertalensis, der **Neandertaler** oder Altmensch, lebt in der Übergangszeit dieser beiden Entwicklungsstufen. Längere Eiszeiten (Günz-, Mindel-, Riss- und Würmzeit) wechseln mit kürzeren Warmphasen ab und die Menschen leben in starker Abhängigkeit von der Natur. Sie wohnen unter Felsüberhängen und in Höhlen, errichten aber auch Zelte und primitive Hütten zum Schutz vor der Witterung und gefährlichen Tieren. Die Menschen bilden **Horden** von 15 bis 20 Personen, ernähren sich von der **Jagd** und dem Sammeln von Früchten und stellen dafür vorwiegend **Steinwerkzeuge** her. Der Mensch wandert umher und kennt bereits die Verwendung des **Feuers**. Sind die Werkzeuge in der Altsteinzeit noch grob aus dem Stein gehauen, verfeinert sich die Schlagtechnik im Laufe der Zeit immer weiter bis hin zu den bemerkenswert kleinen und sehr gut gearbeiteten Geräten der Mittelsteinzeit, den Mikrolithen. Als Hauptwerkzeug und Waffe dient der **Faustkeil**.

Der Neandertaler

AUSWIRKUNGEN

Der Neandertaler wird vom Homo sapiens sapiens verdrängt und stirbt schließlich aus. Die Menschen werden sesshaft, **Ackerbau** und **Viehzucht** breiten sich aus.

2 JUNGSTEINZEIT

Grundlegende Veränderungen in der Lebensweise der Menschen prägen die Jungsteinzeit (Neolithikum). Aus wandernden Jägern und Sammlern werden sesshafte Bauern und Viehzüchter.

WER?	Ötzi (zw. 3350 und 3100 v. Chr.)
WANN?	Ca. 5500–2200 v. Chr.
WO?	Kleinasien (ca. 5000 v. Chr.), Zweistromland, Syrien, Europa (ca. 2400 v. Chr.)

Die **Veränderungen der Lebensweise** der Menschen sind umfassend und werden auch als „Neolithische Revolution" bezeichnet. Möglich geworden sind sie vor allem durch die Weiterentwicklung und Verbesserung der Steinwerkzeuge. Steine werden jetzt geschliffen und durchbohrt, um daraus **Äxte** und **Beile** zu fertigen. Bäume können fortan gerodet werden und schaffen Platz für Siedlungen, Äcker und Weiden. Einbäume werden für den Fischfang genutzt, Holzpflüge zur Bewirtschaftung der Felder und Webstühle zur Textilherstellung. Nahrung wird entweder durch Aussaat oder durch Tierzucht zielgerichtet hergestellt, die Ernährung gewinnt dadurch an Vielfalt. Zu den wichtigsten technischen Errungenschaften zählt die Erfindung der **Töpferei**. Der **Handel** nimmt zu und wird nicht mehr nur regional betrieben. Metalle werden genutzt, um daraus Trinkgefäße und Werkzeuge herzustellen. Die Verwendung von **Kupfer** konnte 1991 durch den spektakulären Mumienfund eines Mannes in Südtirol belegt werden, der eine Kupferaxt bei sich trug. Die Leiche aus dem Gletscher erhielt wegen seines Fundorts in den Ötztaler Alpen den Namen **Ötzi** und zählt heute zu den bekanntesten und bedeutendsten Mumien der Welt.

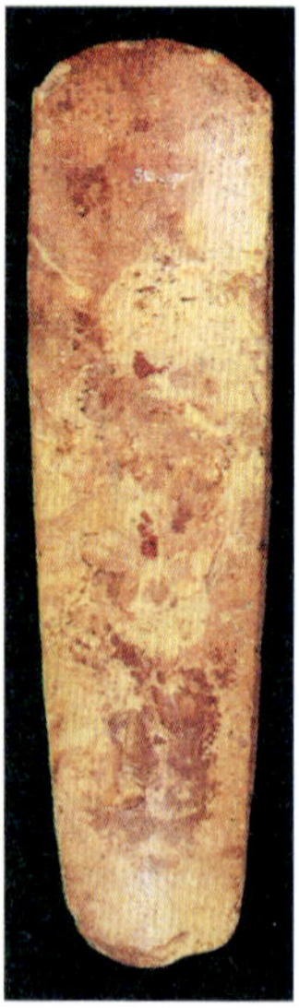

Werkzeug aus der Jungsteinzeit

AUSWIRKUNGEN

Die Sesshaftigkeit führt zu **städtischen Siedlungsformen** mit ausgeprägten Gesellschaftsformen und Schichten. Die Arbeitsteilung nimmt zu und **Geschlechterrollen** prägen sich stärker aus, ebenso wie die handwerkliche Spezialisierung.

Bronzezeit

3

Bronze wird das bevorzugte Material zur Herstellung von Schmuck, Gerätschaften und Waffen.

WER?	Handwerker, Bronzegießer, Bergleute
WANN?	2200–800 v. Chr.
WO?	Mitteleuropa, Vorderasien (ab 3300 v. Chr.), Nordafrika (ab 2700 v. Chr.), Nordeuropa

Während Kupfer direkt verarbeitet werden konnte, sind für die Herstellung von Bronze **neue Technologien** notwendig. Die Kenntnisse darüber breiten sich von Vorderasien über Nordafrika bis nach Mittel- und Nordeuropa aus. Bronze, eine Legierung, die zu 90 Prozent aus Kupfer und zu zehn Prozent aus Zinn besteht, ist deutlich härter als Kupfer, lässt sich jedoch leichter schmelzen. Das Material wird wertvoll und es entwickelt sich ein großes **Handelsnetz** mit **Tauschwaren** (vor allem Gold, Salz und Bernstein). Reichtum kann erworben werden, wodurch eine gesellschaftliche **Oberschicht** entsteht. Hierarchien mit Herrschern, Fürsten und Untertanen entwickeln sich, und Metallverarbeiter wie die Bronzegießer genießen besonders hohes Ansehen. Im Zuge der Metallgewinnung und -verarbeitung entsteht eine berufliche Spezialisierung und damit einhergehend entwickeln sich **neue Berufe**: Berg- und Handelsleute, Handwerker, Bronzegießer, aber auch Korbflechter und Schmuckhersteller. Bestattungsriten werden üblich. So bekommen die reichen und mächtigen Verstorbenen in der „Hügelgräberbronzezeit“ (ca. 1600–1200 v. Chr.) Grabhügel. Ab dem 12. Jahrhundert v. Chr. ändert sich die **Bestattungszeremonie** signifikant: Tote werden verbrannt und in Urnen beigesetzt („Urnenfelderkultur“).

AUSWIRKUNGEN
Bessere Pflüge und die Verwendung von Pferden als Arbeitstiere führen zu einer **Intensivierung der Landwirtschaft**. Handelswege entstehen, Siedlungen werden vermehrt befestigt und erwachsen an ihren Knotenpunkten.

Fundstück aus der Bronzezeit, Sonnenwagen von Trundholm

4 König Hammurapi von Babylon

König Hammurapi bezwingt mit einer klugen Bündnispolitik und erfolgreichen Feldzügen alle anderen Mächte in Mesopotamien. Unter seiner Herrschaft wächst Babylonien zur führenden Macht.

WAS?	Gesetzestext *Codex Hammurapi*, Eroberungen
WANN?	1728–1686 v. Chr., Regierungszeit 1792–1750 v. Chr.
WO?	Babylonien

Zu Beginn seiner Amtszeit ringen sechs weitere Stadtstaaten um die Vorherrschaft in Mesopotamien: Larsa, Eschnunna, Elam, Mari, Assyrien und Jamschad. So sind denn auch die ersten Regierungsjahre durch **taktische Bündnisse** und Übereinkommen mit den Nachbarreichen geprägt. Hammurapi widmet sich der Verwaltung des Landes und erlässt **Reformen**, die in der wohl bedeutendsten Gesetzessammlung, dem *Codex Hammurapi,* gipfeln. In seiner Regierungszeit erleben Wirtschaft und Wissenschaften einen großen Aufschwung. Militärische Eroberungen und damit eine **Machtzunahme** finden hauptsächlich in der zweiten Hälfte seiner 43-jährigen Amtszeit statt. Er unterwirft 1763 v. Chr. Larsa und dehnt seine Eroberungen anschließend weiter nach Norden aus. Mari, Eschnunna und Assyrien folgten. Gegen Ende seiner Herrschaft umfasst sein Reich **fast ganz Mesopotamien**. Große Bedeutung erlangt er aufgrund der von ihm verfassten und verbreiteten **Gesetzestexte**. Der in eine zwei Meter hohe Stele gemeißelte Codex behandelt vorwiegend **Fragen des Zusammenlebens** in der Gemeinschaft und ist nach dem Talion-Grundsatz „Auge um Auge, Zahn um Zahn" formuliert.

König Hammurapi

AUSWIRKUNGEN

Der *Codex Hammurapi* dient auch noch 1500 Jahre nach Untergang des Reiches als **juristische Grundlage** in der Rechtsprechung. Nach dem Tod Hammurapis zerfällt das Herrschaftsgebiet. Die Stele ist heute im **Louvre** in Paris zu besichtigen, eine Kopie davon im Pergamonmuseum in Berlin.

Trojanischer Krieg

Eines der zentralen Ereignisse der griechischen Mythologie ist die zehnjährige Auseinandersetzung zwischen Griechen und Trojanern. Die Griechen gewinnen den Krieg nach Anwendung einer List.

WER?	Homer (8. Jh. v. Chr.), Heinrich Schliemann (1822–90)
WANN?	Traditionell 1194–84 v. Chr. vermutlich 12.–13. Jh. v. Chr.
WO?	Kleinasien, heutige Türkei

Das Trojanische Pferd

Auslöser für den Krieg ist die **Entführung** der schönen **Helena** durch **Paris**, Sohn des trojanischen Königs **Priamos**. Der Gatte Helenas, **Menelaos**, König von Sparta, ist darüber so erzürnt, dass er eine Flotte nach Troja entsendet, um seine Frau zurückzuholen. Die Griechen belagern Troja **zehn Jahre lang** ohne Erfolg. Dann ersinnt **Odysseus** eine List. Auf seinen Rat hin bauen die Griechen ein riesiges hölzernes Pferd, das **Trojanische Pferd**, in dem sich ein Teil der Männer versteckt. Die übrigen Griechen täuschen den Abzug der Truppen vor. Das scheinbar zurückgelassene Pferd wird von den Trojanern in die Stadt geholt, in der Nacht steigen die Griechen unbemerkt heraus und öffnen ihren Truppen das Stadttor. Die **Stadt wird eingenommen** und zerstört. Der historische Wahrheitsgehalt dieses Krieges ist umstritten. Die Forschung geht davon aus, dass die Texte in Homers Werken nur im Kern einen real stattgefundenen Krieg beschreiben. Der Forscher **Heinrich Schliemann**, fest davon überzeugt, dass das historische Troja existierte, unternimmt ab 1870 **Ausgrabungen** in Hisarlık und legt bis 1882 neun Siedlungsschichten frei. Der endgültige archäologische Beweis, dass es sich dabei um das mythologische Troja handelt, fehlt jedoch.

Auswirkungen

Der Trojanische Krieg wird in den Jahrhunderten darauf **ideologisch verklärt** und mehrfach als Grund für **kriegerische Auseinandersetzungen** zwischen Griechenland und Asien herangezogen.

6 Gründung Roms

Der Sage nach wird Rom von Romulus gegründet. Er gewinnt den Streit mit seinem Zwillingsbruder Remulus um den Thron aufgrund eines Götterzeichens.

WER?	Romulus und Remus
WANN?	753 v. Chr.
WO?	Italien

Romulus und Remus sind die Kinder vom **Kriegsgott** Mars und der **Priesterin** Rhea Silvia, deren Vater Numitor König in Alba Longa ist. Der jüngere Bruder von Numitor, Amulius, stößt ihn vom Thron und wirft die schwangere Rhea Silvia ins Gefängnis. Ihr Kind soll nach der Geburt getötet werden. Doch die neugeborenen Zwillinge erwecken das Mitleid der Knechte und werden in einer Wiege auf dem Tiber ausgesetzt. Eine **Wölfin** rettet die beiden und säugt sie wie ihre eigenen Jungen. Später nimmt ein Hirte die Kinder auf. Als die Brüder von ihrer Herkunft erfahren, töten sie Amulius und setzen Numitor wieder als König ein. Sie wollen eine **eigene Stadt** an der Stelle gründen, wo sie gefunden wurden. Der Streit darüber, wer König wird, soll durch ein Vogelorakel entschieden werden. Remulus, der unterliegt und das Urteil nicht akzeptieren will, wird von seinem Bruder erschlagen. Das von dem römischen Gelehrten M. Terentius Varro errechnete Datum dieses Ereignisses setzte sich als **Gründungsdatum Roms** durch. Archäologisch lassen sich bereits für das 10. und 9. Jahrhundert v. Chr. auf dem Palatin und in der Umgebung mehrere Siedlungen nachweisen. Schätzungen zufolge entstand **Rom ca. 600 v. Chr.** durch den Zusammenschluss kleinerer Siedlungen der Latiner, Sabiner und Etrusker.

Romulus und Remus mit ihrer Ziehmutter

AUSWIRKUNGEN

Das Gründungsdatum ist lange Grundlage der römischen Zeitrechnung. Rom entwickelt sich von einem Königreich zu einer **Republik** und expandiert stetig. Die Millionenstadt wird geografisches und **politisches Zentrum** des Römischen Reiches.

Solonische Reformen

7

Solon, ein athenischer Staatsmann mit adliger Herkunft, wird durch die von ihm erlassenen Gesetze und erlassenen Reformen zum Begründer der Demokratie.

WER?	Solon (ca. 640 v. Chr.–560 v. Chr.)
WANN?	594 v. Chr.
WO?	Athen

Unruhen und soziale Spannungen in Athen führen zur **Einsetzung Solons als Vermittler**. Von ihm erhoffen sich sowohl der allein herrschende Adel als auch die hoch verschuldeten Bauern eine Verbesserung ihrer gesellschaftlichen und wirtschaftlichen Situation. Zentraler Bestandteil der verkündeten Gesetze ist die „Lastenabschüttelung" (Seisachtheia); die bäuerlichen Höfe werden damit schuldenfrei. Die **Schuldknechtschaft wird verboten** und alle Schuldsklaven werden in die Freiheit entlassen, der Landerwerb wird begrenzt, die Ausfuhr bestimmter Lebensmittel wie Getreide beschränkt und die Bürgerschaft auf Basis der Ernteerträge in vier Klassen gegliedert. Politische Rechte werden damit nicht mehr durch Geburt erworben, sondern bemessen sich an der Wirtschaftsstärke der Person. Solons Reform der Maße und Gewichte belebt den Handel und die Wirtschaft. Außerdem sorgt er dafür, dass die unteren Klassen Zugang zu einer **handwerklichen Ausbildung** erhalten.

Solon von Athen

AUSWIRKUNGEN

Die Reformen sorgen für eine **stärkere Beteiligung des Volkes** an politischen Entscheidungen, fördern die Teilnahme am öffentlichen Leben und erhöhen die **Bildungschancen**. Die von Solon angestrebte **Rechtssicherheit** bildet die Grundlage für ein freies und friedliches Zusammenleben. Solons Reformen gelten als richtungsweisend für die Verfassung Griechenlands und er selbst als **Begründer der Demokratie**.

8 Perserkriege

Die kriegerischen Auseinandersetzungen zwischen dem antiken Griechenland und dem Persischen Reich enden trotz zahlenmäßiger Übermacht mit der endgültigen Niederlage der Perser.

WER?	Dareios I. (521–485 v. Chr.) Miltiades (ca. 550–489 v. Chr.) Xerxes I. (ca. 519–465 v. Chr.)
WANN?	499–449/448 v. Chr.
WO?	Griechenland, Persien

Auslöser für die Perserkriege ist der **Ionische Aufstand** 499 v. Chr., der in der Stadt Milet beginnt. Die kleinasiatischen Griechen erheben sich gegen die persische Oberhoheit, unterliegen aber nach anfänglichen Erfolgen. Milet wird von den Persern zerstört, sie beginnen ihren Rachefeldzug gegen die Griechen. 490 v. Chr. unterliegen sie in der **Schlacht bei Marathon** dem athenischen Heer. Die frohe Kunde über den Sieg bringt ein Läufer in das **42 Kilometer** entfernte Athen. Zehn Jahre später versucht Xerxes I., Sohn des inzwischen verstorbenen Perserkönigs Dareios I., die Griechen erneut zu unterwerfen. Die massive Aufrüstung der Perser hat zur Folge, dass sich die griechischen Staaten gegen die Übermacht zusammenschließen und den **Flottenbau** vorantreiben. Der persische Vormarsch kann an den **Thermopylen** nicht aufgehalten werden und Mittelgriechenland fällt an die Perser. Die entscheidende Wende im Kriegsgeschehen bringt die **Seeschlacht bei Salamis**, die mit einem Sieg der Griechen endet. Im Jahr 449 v. Chr. werden die Kriege mit dem **Kalliasfrieden** offiziell für beendet erklärt.

König Dareios

Auswirkungen

Athen entwickelt sich nach der Niederlage der Perser zur **Großmacht**; das Selbstbewusstsein der Griechen erstarkt. Unter athenischer Führung bildet sich der **Attische Seebund** vornehmlich zur Verteidigung der Inseln und der besonders gefährdeten Griechen Kleinasiens.

Peloponnesischer Krieg

9

Der Krieg zwischen der Seemacht Athen und der Landmacht Sparta verändert die Machtverhältnisse der griechischen Welt nachhaltig.

WER?	Perikles (zw. 495 und 490–429 v. Chr.) Alkibiades (ca. 450–404 v. Chr.)
WANN?	431–404 v. Chr.
WO?	Griechenland, Kleinasien, Sizilien

Nach den Perserkriegen gewinnt **Athen** mit dem Attischen Seebund eine **Vormachtstellung zur See**, während **Sparta** sich mit einer Reihe von Landmächten zum **Peloponnesischen Bund** zusammenschließt. Auslöser für den Krieg ist die Verhängung einer Handelssperre Athens gegen Megara, einem Bündnispartner Spartas. Athen weigert sich, das Embargo zurückzunehmen, daraufhin fällt Sparta in Attika ein (Archidamischer Krieg). Der athenische Staatsmann **Perikles** fasst den Plan, die Bevölkerung hinter den „Langen Mauern" in Sicherheit zu bringen und das Umland zur Eroberung freizugeben. Zur gleichen Zeit soll die Flotte Athens die Küsten des Peloponnes angreifen. 430 v. Chr. bricht unter den Athenern die **Pest** aus, ein Drittel der Bevölkerung stirbt, unter ihnen Perikles. Im Jahr 421 v. Chr. kommt es zu einem halbherzig geschlossenen Friedensschluss, schon 418 v. Chr. finden neue Kriegshandlungen statt. Alkibiades versucht, den Machtbereich Athens bis nach Süditalien und Sizilien auszudehnen. Die „Sizilianische Expedition" scheitert, Athen muss große **Verluste** hinnehmen. Die dritte und letzte Phase des Krieges, der **Dekeleische Krieg** (413–404 v. Chr.), endet mit der Vernichtung der athenischen Flotte und der bedingungslosen **Kapitulation Athens**.

Perikles

AUSWIRKUNGEN

Sparta gewinnt für kurze Zeit die **Vorherrschaft** in Griechenland, kann seine Position aber nicht behaupten. Persien gewinnt die griechischen Siedlungen in Kleinasien zurück und die griechischen Stadtstaaten zerfallen.

10

Alexander der Grosse

Alexander der III., König von Makedonien, ist einer der größten Feldherren der Geschichte. Mit seinen Eroberungsfeldzügen, die ihn bis nach Indien führen, schafft er ein mächtiges Weltreich.

WER?	Philipp II. von Makedonien (ca. 382–336 v. Chr.) Aristoteles (384–322 v. Chr.) Dareios III. (380–330 v. Chr.) Poros († 317 v. Chr.) Roxanne (ca. 345–310 v. Chr.)
WANN?	356–323 v. Chr.
WO?	Griechenland, Kleinasien, Palästina, Ägypten, Westindien

Alexander wird von seinem Vater Philipp II. zu dem wohl bedeutendsten Lehrer seiner Zeit, **Aristoteles**, in die Ausbildung geschickt. Der dreizehnjährige Alexander wird von ihm in Rhetorik, Literatur, Geografie und Kriegswesen unterrichtet. Zusätzlich erwirbt er Kenntnisse in den Naturwissenschaften und der Medizin. Nach der Ermordung seines Vaters tritt Alexander im Alter von 20 Jahren dessen Nachfolge an. Er gewinnt die **Griechen als Bündnispartner** für seinen Persienfeldzug, den er 334 v. Chr. startet. Mit 30.000 Lanzenträgern und 5000 Reitern zieht er gegen Persien, siegt am Fluss Granikos und erobert mehrere Städte. Der Sage nach zerschlägt Alexander in der alten Königsstadt den **Gordischen Knoten**, der demjenigen, der ihn zu lösen vermag, die Herrschaft über Asien sichert.

Alexander der Große

Er besiegt den persischen Großkönig **Dareios III.** in der **Schlacht bei Issos 333 v. Chr.**, zieht weiter nach Ägypten und wird dort als Befreier von der persischen Unterdrückung gefeiert. 331 v. Chr. gründet er die Stadt **Alexandria** als eine von ca. 80 weiteren Städten, die seinen Namen tragen. Aus der **Schlacht von Gaugamela** 331 v. Chr. geht Alexander erneut siegreich gegen Dareios hervor, der die Flucht ergreift. Alexander wird **„König von Asien“** und erobert Babylon, Susa und Persepolis kampflos. Er verfolgt Dareios, doch der Großkönig wurde inzwischen ermordet.

Er führt seine Streitmacht weiter nach Indien. Am Indus besiegt er den indischen **König Poros**. Der weitere Vormarsch stoppt am Fluss Hyphasis, wo die entkräfteten Truppen meutern und die Gefolgschaft verweigern. Alexander tritt den beschwerlichen Rückweg an. Der Marsch durch die Wüste führt zu hohen Verlusten und nur ungefähr ein Drittel des ursprünglichen Heeres erreicht Susa. Mit einer **Massenhochzeit** in Susa treibt Alexander sein Ziel, die **Verschmelzung von Griechenland und Persien**, voran. 10.000 persische Frauen werden mit Soldaten verheiratet. Auch Alexander, der bereits mit Roxanne verheiratet ist, geht die Ehe mit zwei Königstöchtern ein. 323 v. Chr. stirbt er in Babylon nach kurzer fiebriger Krankheit. Er hinterlässt ein neu geordnetes Reich. In vielen Bereichen sind **Perser und Makedonier gleichberechtigt**. In den von ihm gegründeten Städten gibt es eine **demokratische Verfassung** nach athenischem Vorbild. Der Handel ist durch die **einheitliche Währung**, das Alexandergeld vereinfacht, Griechisch ist Amtssprache.

Aristoteles

AUSWIRKUNGEN

Die griechische Kultur verbreitet sich weit über Griechenland hinaus. Spuren davon finden sich auch Jahrhunderte später noch in zentralasiatischen Kulturen wieder. Die **„hellenistische Epoche"** prägt die Welt für die nächsten 300 Jahren. Das Weltreich Alexanders zerfällt. Da er keinen Erben hat, treten seine Feldherren die Nachfolge an und übernehmen die Macht. Die Diadochen kämpfen untereinander um die Alleinherrschaft im Reich. Die Kriege führen schließlich zu einer Aufteilung des Reiches und zur **Gründung der Diadochenreiche**.

Detail des Alexandermosaiks, ca. 150–100 v. Chr.

11 KÖNIGSFRIEDE VON SARDES

Der Königsfriede wird auf Betreiben Spartas durch Vermittlung des persischen Königs Artaxerxes II. geschlossen. Das Abkommen zwischen Sparta und seinen Gegnern beendet den korinthischen Krieg.

WER?	Antalkidas († 367 v. Chr.) Artaxerxes II. (ca. 453–359/58 v. Chr.)
WANN?	387/6 v. Chr.
WO?	Persien, Kleinasien, östliches Mittelmeer

Geografische Lage von Sardes

Die jahrelangen Kämpfe zwischen Sparta und seinen ehemaligen Bundesgenossen Theben und Korinth mit deren Unterstützern **Athen** und **Argos** sowie den Persern erschöpfen Sparta. Der spartanische Verhandlungsführer **Antalkidas** tritt daraufhin im Winter 388/387 v. Chr. in Verhandlungen mit dem persischen Großkönig **Artaxerxes II.**, um einen **Friedensplan** auszuarbeiten. Die Sperrung des Hellespont und die **Blockade des Hafens** in Piräus zwingen die Athener zur Aufgabe und zur Annahme der ausgearbeiteten Friedensbedingungen. Der Großkönig verkündet den in Sardes versammelten Griechen den **Königsfrieden**, der die kriegerischen Auseinandersetzungen dauerhaft beenden soll. Die Westküste Kleinasiens, wie auch die griechischen Siedlungen in Ionien und auf Zypern werden zukünftig Persien unterstellt, die griechischen Stadtstaaten erhalten **Autonomie**. Organisationen und Zusammenschlüsse wie der Böotische Bund oder der Attische Seebund sind damit verboten. Die Inseln Lemnos, Imbros und Skyros verbleiben bei Athen.

AUSWIRKUNGEN

Der Königsfriede ist ein erster konstruktiver Versuch, die **machtpolitischen Konflikte** in der Region zu lösen, die auch nach Beendigung des Peloponnesischen Krieges immer wieder aufflackern. Er kann jedoch nicht verhindern, dass auch in der **Folgezeit** die Machtansprüche einzelner Staaten zu **erneuten Auseinandersetzungen** führen.

DIADOCHENKÄMPFE

12

Die Diadochen (griech. Nachfolger) sind ehemalige Feldherren Alexanders des Großen. Sie teilen nach seinem Tod das Reich unter sich und ihren Nachkommen auf.

WER?	Alexander der Große (356–323 v. Chr.) Kassandros (ca. 350–297 v. Chr.) Lysimachos (360/361–281 v. Chr.) Seleukos I. (ca. 358–281 v. Chr.) Ptolemaios I. (367/66–283/82 v. Chr.) Ptolemaios II. (308–246 v. Chr.) Antigonos II. Gonatas (ca. 319–239 v. Chr.) Philipp III. Arrhidaios (358–317 v. Chr.)
WANN?	323–281/276 v. Chr.
WO?	Griechenland, Thrakien, Kleinasien, Babylonien, Ägypten, Armenien, Westindien

Ptolemaios I.

Mit dem überraschenden Tod von Alexander dem Großen ist die Herrschaft im Reich ungeklärt. Eine Einigung auf einen alleinigen Machthaber gelingt nicht und es kommt zu **jahrelangen Kämpfen**, die die Aufteilung des Alexanderreiches zur Folge haben.
Ab 306 v. Chr. bilden sich erste **unabhängige Monarchien**, zum Ende der Kriege ist das riesige Reich in vier verschiedene Territorialreiche geteilt, die sich gegenseitig anerkennen. Kassandros herrscht in Makedonien, Lysimachos in Kleinasien und Thrakien, Seleukos I. gewinnt das Ostreich, Syrien und Mesopotamien und Ptolemaios I. beherrscht Ägypten. Seine Nachfolge tritt sein Sohn **Ptolemaios II.** im Jahr 285 v. Chr. an. Ein weiterer Wechsel vollzieht sich 276 v. Chr., als die Macht in Makedonien von Antigonos II. Gonatas übernommen wird. Seitdem herrschen die Antigoniden in Makedonien, die Seleukiden von Kleinasien bis nach Ostpersien und die Ptolemäer in Ägypten.

AUSWIRKUNGEN

Das entstandene **Staatensystem** besteht bis in das 2. Jahrhundert v. Chr. Es bildet den Rahmen für die kulturelle Entwicklung des **Hellenismus**.

13 Punische Kriege

Rom und die Karthager (Punier) führen drei Kriege um die Vorherrschaft im westlichen Mittelmeerraum.

WER?	Hannibal, auch Hannibal Barkas (ca. 246–183 v. Chr.) Publius Cornelius Scipio Africanus, der Ältere (235–183 v. Chr.)
WANN?	264–241 v. Chr.: Erster Punischer Krieg 218–201 v. Chr.: Zweiter Punischer Krieg 149–146 v. Chr.: Dritter Punischer Krieg
WO?	Italien, Sizilien, Karthago (Nordafrika), Spanien, westliches Mittelmeer

Die Expansionsbestrebungen des Römischen Reiches führen zum Konflikt mit Karthago. 264 v. Chr. werden die Römer von See aus angegriffen und unterliegen. Rom baut eine Kriegsflotte und erringt 241 v. Chr. den **Sieg über Karthago**. Die Karthager bauen zum Ausgleich ihre Herrschaft in Spanien aus. Ein Vertrag zwischen Rom und Karthago soll die **Machtverhältnisse sichern** und legt den Fluss Ebro als Grenze der Machtsphären fest. Der **Zweite Punische Krieg** beginnt mit der vertragswidrigen Überschreitung des Flusses durch Hannibal. Er zieht mit seinem Heer über die Alpen und schlägt die Römer 217 v. Chr. am Trasimenischen See, ein Jahr später in der Schlacht von Cannae.

Hannibal

Ab 212 v. Chr. wendet sich der Krieg zugunsten Roms. Scipio Africanus vertreibt die Karthager aus Spanien und besiegt Hannibal im Jahr 202 v. Chr. endgültig bei Zama. Mit dem Friedensschluss 201 v. Chr. wird Karthago entmachtet. Rom fürchtet das Wiedererstarken des ehemaligen Gegners und nimmt die **formelle Verletzung des Friedensvertrages** 149 v. Chr. zum Anlass für einen neuen Angriff. Der **Dritte Punische Krieg** endet 146 v. Chr. mit der völligen **Zerstörung Karthagos**. Die Einwohner der Stadt werden versklavt.

AUSWIRKUNGEN

Karthago wird **römische Provinz**, spielt im Römischen Reich aber nur eine untergeordnete Rolle. **Rom** entwickelt sich zur **Weltmacht**.

Schlacht von Cannae

14

216 v. Chr. kommt es auf der apulischen Hochebene bei der Stadt Cannae zu der wohl bedeutendsten Schlacht während des Zweiten Punischen Krieges.

WER?	Quintus Fabius Maximus Verrucosus (ca. 275–203 v. Chr.); Lucius Aemilius Paullus (3. Jh.–216 v. Chr.); Gaius Terentius Varro (*3. Jh.–unbekannt); Hannibal, auch Hannibal Barkas (ca. 246–183 v. Chr.)
WANN?	2. August 216 v. Chr.
WO?	Cannae, Apulien

Hannibal führt das karthagische Heer über die Alpen nach Oberitalien. Er gewinnt mehrere Schlachten gegen die Römer, zu deren Kommandant **Fabius Maximus** ernannt wird. Dieser scheut die offene Auseinandersetzung und lässt Hannibal durch Mittelitalien ziehen, darauf hoffend, dass dem Feind die Vorräte ausgehen. Diese zögerliche Haltung bringt ihm in der römischen Bevölkerung den Beinamen „Cunctator" (Zauderer) ein. Im Jahr 216 v. Chr. bekommen die beiden Konsuln Lucius Aemilius Paullus und Gaius Terentius Varro den ausdrücklichen Auftrag, Hannibal zur Schlacht zu zwingen, da Rom inzwischen unter Versorgungsengpässen leidet. Bei Cannae stellen sich die Römer mit 16 Legionen, ca. 80.000 Mann, zur Schlacht. Das karthagische Heer verfügt ungefähr über die Hälfte dieser Truppenstärke, trotzdem schlagen sie den Gegner aufgrund der verwendeten Taktik vernichtend. **Hannibal umzingelt die Römer**, sodass sich deren Angriff nicht entfalten kann. Im Kampf sterben an die 50.000 Römer und ca. 6000 Karthager. Unter den Toten ist der Konsul Aemilius Paullus, Varro gelingt die Flucht.

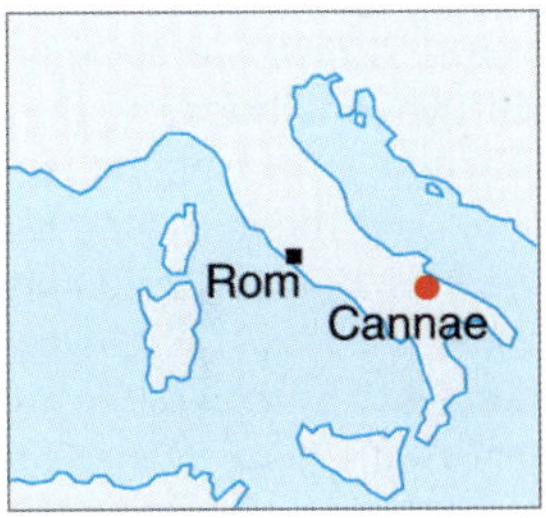

Lage von Cannae

Auswirkungen

Die Schlacht und die Taktik Hannibals gehen in die **Weltgeschichte** ein. Cannae steht heute sprichwörtlich dafür, eine gewaltige Niederlage zu erleiden. Die Taktik der **Umfassungsschlacht** hat sich in abgewandelter Form zu einer Doktrin in der Kriegsführung entwickelt.

15 BUNDESGENOSSENKRIEG

Der Bundesgenossenkrieg (bellum sociale) bricht zwischen Rom und seinen italischen Bundesgenossen aus. Rom erfüllt schließlich die Forderungen der Verbündeten und gewährt ihnen das Bürgerrecht.

WER?	Gaius Sempronius Gracchus (153–121 v. Chr.) Marcus Livius Drusus (ca. 124–91 v. Chr.) Lucius Cornelius Sulla Felix (ca. 138/134–78 v. Chr.)
WANN?	91–89 v. Chr.
WO?	Italien

Die italischen Bundesgenossen fühlen sich gegenüber den Römern benachteiligt und fordern dafür, dass sie die Verteidigungslasten Roms mitzutragen haben, das **volle Bürgerrecht**. Hoffnungen darauf wecken die Volkstribunen Gracchus und Drusus, die sich für die Verleihung der Bürgerrechte stark machen, jedoch am Senat scheitern. Drusus wird 91 v. Chr. ermordet. In der Folge gründen die **Marser und die Samniten** einen **eigenen Staat**. Die Stadt Corfinium wird zur Hauptstadt Italia erklärt, und die Aufständischen setzen nicht nur eigene Beamte und einen Senat ein, sie prägen auch **eigene Münzen**. Rom gelingt es trotz größerer Kampfesstärke nicht, die in römischen Kampftechniken geschulten aufständischen Truppen zu zerschlagen. Rom lenkt im Jahr 89 v. Chr. ein und verleiht das Bürgerrecht schrittweise an die Bundesgenossen. Mit der *Lex Plautia Papiria* erhalten die Italiker das ersehnte **römische Bürgerrecht**. Die *Lex Pompeia de Transpadanis* sichert den Bewohnern nördlich des Po im selben Jahr das **latinische Bürgerrecht** zu.

Lucius Cornelius Sulla Felix

AUSWIRKUNGEN

Die Verleihung des Bürgerrechts hat **weitreichende politische Konsequenzen**. Den Neubürgern, die stimmberechtigt in der Mehrheit sind, wird nur ein **geringes Mitbestimmungsrecht** zugesprochen. Sie werden lediglich in acht von 35 Tribus eingeschrieben. Weitere Gesetzesinitiativen folgen, werden allerdings mit Errichtung der **Diktatur Sullas** hinfällig.

GALLISCHER KRIEG

16

Der Feldzug des römischen Feldherren Gaius Iulius Caesar gegen das rebellische Gallien endet mit der kompletten Unterwerfung der Gallier.

WER?	Gaius Iulius Caesar (100–44 v. Chr.) Pompeius Gnaeus Pompeius Magnus (106–48 v. Chr.) Marcus Licinius Crassus Dives (115/114–53 v. Chr.) Vercingetorix (ca. 82–46 v. Chr.)
WANN?	58–51 v. Chr.
WO?	Italien, Gallien, Germanien, Britannien

Pompeius Gnaeus Pompeius Magnus

Caesar wird **Statthalter** über die römischen Provinzen Gallia Cisalpina, Illyricum und Gallia Narbonensis, wo er seinen Feldzug beginnt. Den Vorwand dafür bieten ihm die Helvetier, die unerlaubt durch Gallien ziehen. Caesar verfolgt und bezwingt sie in der **Schlacht von Bibracte**. Er setzt seine Eroberungen fort, unterwirft die Germanen, schlägt die Belgier und erhält das Gebiet der Remer kampflos. 57 v. Chr. folgen die Bretagne und die Normandie. Aufstände verschiedener gallischer Stämme gegen die römische Herrschaft werden von Caesar niedergeschlagen. Zur Festigung seiner Macht geht er ein neues **Triumvirat mit Pompeius und Crassus** ein. Ab 56 v. Chr. führen ihn seine Feldzüge über Gallien hinaus, er unternimmt zwei Flottenexpeditionen nach Britannien. Er überquert zweimal den Rhein, um gegen germanische Truppen vorzugehen. Unter dem **gallischen Heerführer Vercingetorix** kommt es im Jahr 52 v. Chr. zu weiteren schweren Aufständen der Gallier gegen die Römer. Die **Schlacht bei Alesia** kann Caesar für sich entscheiden, die Gallier kapitulieren. Nach der Niederschlagung weiterer Aufstände ist Gallien ab 51 v. Chr. dauerhaft unterworfen.

AUSWIRKUNGEN

Der **Rhein** wird zur **Grenze zu Germanien. Gallien** entwickelt sich in der Folgezeit zu einem **Kernland des Imperiums**.

17 Gaius Iulius Caesar

Gaius Iulius Caesar, römischer Staatsmann, Feldherr, Diktator und Schriftsteller, hat entscheidenden Anteil an der Zerstörung der Römischen Republik und ihrer späteren Überführung in ein Kaiserreich.

WER?	Gaius Marius (156–86 v. Chr.) Lucius Cornelius Cinna (ca. 130–84 v. Chr.) Lucius Cornelius Sulla Felix (ca. 138/134–78 v. Chr.) Pompeia (unbekannt) Pompeius Gnaeus Pompeius Magnus (106–48 v. Chr.) Marcus Licinius Crassus Dives (115/114–53 v. Chr.) Kleopatra VII. Philopator (69–30 v. Chr.) Marcus Iunius Brutus Caepio (85–42 v. Chr.) Gaius Cassius Longinus (vor 85–42 v. Chr.)
WANN?	100–44 v. Chr.
WO?	Römisches Reich, Frankreich, Spanien, Ägypten, Nordafrika

Gaius Iulius Caesar wird am 13. Juli 100 v. Chr. als einziger Sohn einer alteingesessenen **römischen Patrizierfamilie**, der Julier, geboren. Im Jahr 84 v. Chr. heiratet er Cornelia, die Tochter des Konsuls Lucius Cornelius Cinna, und gerät damit in **politische Opposition** zur Diktatur Sullas. Er widersetzt sich dessen Befehl, sich von Cornelia scheiden zu lassen, und verlässt Rom. Erst nach dem Tod Sullas im Jahr 78 v. Chr. kehrt Caesar nach Rom zurück. Cornelia stirbt 69 v. Chr. und Caesar heiratet Pompeia, die Enkelin Sullas. Seine politische Laufbahn beginnt im Jahre 69 v. Chr., als er zum Quästor, einem **altrömischen Finanzbeamten**, ernannt wird. Weitere Karriereschritte folgen schnell. 65 v. Chr. wird er zum Ädil berufen, zwei Jahre später erhält er das **Amt des Pontifex maximus**. Es folgt die Ernennung zum **Prätor**, und ein Jahr später bekleidet er das Amt eines Proprätors auf der iberischen Halbinsel.

Gaius Iulius Caesar

Er schließt ein Bündnis mit Pompeius und Crassus, mit deren Unterstützung er im Jahr 59 v. Chr. zum **Konsul** gewählt wird. In den folgenden Jahren baut er seine Macht aus und macht sich durch die Eroberungen in Gallien während des gallischen Krieges 58–51 v. Chr. einen Namen als **Feldherr**.

Das im Jahr 56 v. Chr. erneuerte Triumvirat zerfällt, als Crassus drei Jahre später getötet wird. Pompeius verbündet sich mit dem Senat, um Caesar zu entmachten. Caesar überschreitet daraufhin die Grenze zwischen seiner Provinz und dem römischen Mutterland und zieht mit seinem Heer **gegen Rom**. Damit löst er einen **Bürgerkrieg** aus, der bis in das Jahr 45 v. Chr. andauert. Die Senatoren flüchten nach Griechenland, wo Pompeius ein starkes Heer aufstellt. Die **Schlacht bei Pharsalos** entscheidet Caesar für sich. Pompeius flieht nach Ägypten und wird bei seiner Landung in Alexandria ermordet. Caesar besetzt Alexandria, entscheidet den ägyptischen Thronstreit zugunsten Kleopatras, unterwirft Kleinasien und kehrt als **Diktator** nach Rom zurück, wo er mehrere Triumphzüge feiert.

Im Februar 44 v. Chr. wird Caesar zum Diktator auf Lebenszeit berufen. Er plant eine **grundlegende Reform** des römischen Staatswesens, große Bauvorhaben wie die Errichtung einer Bibliothek und neue Senatsgebäude. Er führt den nach ihm benannten **julianischen Kalender** ein. Am **15. März 44 v. Chr.** wird er von einer Gruppe Senatoren um Marcus Iunius Brutus und Gaius Cassius Longinus **ermordet**. Insgesamt sind 50 bis 60 Personen an der Verschwörung beteiligt.

Marcus Iunius Brutus Caepio

AUSWIRKUNGEN

Antonius und Oktavian setzen die Politik Caesars fort. **Oktavian** wird **Alleinherrscher** und begründet unter dem Ehrennamen Augustus das Römische Kaiserreich. Das römische Reich erlebt eine Blütezeit, die als **Goldenes** oder **Augusteisches Zeitalter** bezeichnet wird.

18 Seeschlacht bei Actium

Octavian, der spätere Kaiser Augustus, siegt in der Seeschlacht von Actium gegen seinen innenpolitischen Gegner Marcus Antonius und dessen Geliebte Kleopatra.

WER?	Octavian (63 v. Chr.–14 n. Chr.) Marcus Antonius (83 oder 86–30 v. Chr.) Octavia Minor (ca. 69–11 v. Chr.) Kleopatra VII. Philopator (69–30 v. Chr.) Marcus Vipsanius Agrippa (63/64–12 v. Chr.)
WANN?	2. September 31 v. Chr.
WO?	Griechenland

Kaiser Augustus

Octavian und Antonius teilen das Römische Reich nach dem Sieg über die Mörder Caesars unter sich auf. Zur Festigung ihres Bündnisses geht Antonius die **Ehe mit Octavia** ein, der Schwester Octavians. Als Antonius eine Beziehung mit Kleopatra beginnt und sich von Octavia scheiden lässt, führt das zum endgültigen Bruch mit Octavian. **Antonius heiratet Kleopatra** und vermacht ihr und den gemeinsamen Kindern in seinem Testament einige Gebiete römischer Provinzen. Oktavian veröffentlicht Teile daraus im Senat, woraufhin Antonius die Ämter entzogen werden. Um einen Bürgerkrieg zu verhindern, wird nicht Antonius, einem Bürger Roms, der Krieg erklärt, sondern Kleopatra. Bei Actium an der Westküste Griechenlands kommt es am 2. September **31 v. Chr.** zur **entscheidenden Seeschlacht**. Antonius bestreitet die Schlacht mit Großkampfschiffen, während Octavians **Feldherr Agrippa** mit kleineren, wendigeren Schiffen in die Schlacht zieht. Octavians Flotte siegt überlegen, Antonius flieht mit Kleopatra nach Alexandria in Ägypten und sein Landheer ergibt sich kampflos. Antonius begeht am 1. August 30 v. Chr. **Selbstmord**, Kleopatra wenige Tage später.

AUSWIRKUNGEN

Ägypten wird römische Provinz und Rom erlebt eine **kulturelle und wirtschaftliche Blütezeit**. Octavian erhält den Ehrennamen Augustus, „der Erhabene". Mit seiner Alleinherrschaft beginnt die **römische Kaiserzeit**.

Schlacht im Teutoburger Wald

19

Mit der Schlacht enden die Bemühungen Roms, die rechtsrheinischen Gebiete Germaniens zu erobern und zu unterwerfen.

WER?	Publius Quinctilius Varus (47/46 v. Chr.–9 n. Chr.) Arminius (ca. 17 v. Chr.–21 n. Chr.)
WANN?	9 v. Chr.
WO?	Norddeutschland, vermutlich im Raum Bramsche-Kalkriese am Wiehengebirge im Osnabrücker Land

Die Römer unternehmen **Feldzüge** bis weit nach Germanien hinein, um die noch „freien" Germanen zu unterwerfen. Befestigte Legionslager in Germanien werden errichtet, Bündnisverträge geschlossen und Publius Quinctilius Varus bekommt den Auftrag, in den bereits beherrschten Gebieten **römisches Recht einzuführen**. Sowohl die Aufgabe selbst als auch die Art der Durchsetzung machen ihn schnell unbeliebt. Der **Cheruskerfürst Arminius**, der freundschaftliche Beziehungen zu Varus pflegt und deshalb als treuer Verbündeter Roms gilt, plant eine **Verschwörung**. Er schmiedet ein Bündnis mit den Cheruskern, Marsern, Chatten und Brukterern, mit dem Ziel, die römische Herrschaft zu beenden. Als Varus im September 9 v. Chr. sein Heer vom Sommerquartier in das Winterquartier im Rheinland zurückführen will, gerät er durch cheruskische Führung in einen **Hinterhalt** und wird in unwegsamem Gelände vernichtend von Arminius und dessen Bündnispartnern **geschlagen**. Varus verliert drei Legionen, Reiter- und Hilfstruppen. Fast 20.000 Soldaten sterben während der dreitägigen Kämpfe. Varus begeht Selbstmord.

AUSWIRKUNGEN

Rom gibt die vollständige Eroberung Germaniens auf. Zur Sicherung und zum Schutz ihrer Provinzen wird der **Limes als Grenzbefestigung** errichtet.

Publius Quinctilius Varus

20 SOLDATENKAISERZEIT

Die Soldatenkaiserzeit bezeichnet eine Phase des Umbruchs im Übergang von der Mittleren Kaiserzeit zur Spätantike.

WER?	Severus Alexander (208–35) Gaius Iulius Verus Maximinus Thrax (172/173–238) Gaius Aurelius Valerius Diocletianus (zw. 236 und 245–ca. 312)
WANN?	235–84
WO?	Römisches Reich

Die **Grenze** des Römischen Reiches verläuft in einer Länge von **15.000 Kilometern** durch drei Erdteile. Sie zu sichern, ist schwierig und immer wieder gelingt es den Feinden, sie zu durchbrechen. Politische Entscheidungen fallen nicht mehr in Rom, sondern zunehmend direkt in den Krisengebieten an der Grenze. Das Heer gewinnt an Macht und mehrere Kaiser, die den Truppen nicht genehm sind, werden gestürzt, z.B. der unerfahrene und junge Kaiser Severus Alexander im Jahr 235. Nachfolger wird der **Imperator Maximinus Thrax**. Es folgen rasche Herrscherwechsel mit bis zu 70 Kaisern und Gegenkaisern. Die **häufigen Machtwechsel** verhindern eine innenpolitische Kontinuität, die Steuern steigen aufgrund der erhöhten Verteidigungskosten, die Preise werden angezogen, der Handel nimmt merklich ab und die **Unzufriedenheit in der Bevölkerung** wächst enorm. Die Lage verschlechtert sich zusätzlich durch **Hungersnöte und Seuchen**, die Bevölkerungszahlen gehen Schätzungen zufolge um stellenweise 20 Prozent zurück. Neues, billigeres Geld wird geprägt, und dieser Wertverlust schädigt die Wirtschaft zusätzlich. Erst mit dem **Regierungsantritt Diokletians** im Jahr 284/85 bessert sich die Lage. Die Soldatenkaiserzeit ist beendet.

Gaius Aurelius Valerius Diocletianus

AUSWIRKUNGEN

In seiner 20-jährigen Regierungszeit leitet Diokletian **grundlegende Reformen** ein und festigt damit das Reich. Seine Herrschaft markiert den Beginn der Spätantike.

21

Beginn der germanischen Völkerwanderung

Die Hunnen erobern das Reich der Ostgoten und lösen damit Wanderungsbewegungen der germanischen Stämme nach Süd-, West- und Mitteleuropa aus.

WER?	Ermanarich († 376) Flavius Valens (328–78)
WANN?	Ab 375
WO?	Südrussland nach Süd-, West- und Mitteleuropa

Die **Hunnen**, ein eurasischer Nomadenstamm aus den mongolischen Steppen, dringen von der Wolga in den Balkan ein und besiegen 375 die Ostgoten unter ihrem König Ermanarich. Ähnlich einem Dominoeffekt löst dieser Vorstoß nach Westen die **Wanderbewegung vieler germanischer Stämme** aus, die vertrieben werden und auf der Flucht die Grenzen des Römischen Reiches überqueren. So verlassen die westgotischen Stämme ihre Siedlungsgebiete an der Donaumündung und siedeln sich mit der Zustimmung des römischen Kaisers Valens auf römischem Territorium an. Weitere Stämme folgen, und innerhalb weniger Jahrzehnte findet eine weitgreifende Verdrängung ganzer Völker statt, die die Landkarte Europas nachhaltig verändert. Zwar gab es schon vor dem Einfall der Hunnen Grenzüberschreitungen einzelner Völker, wie der Kimber, Teutonen, Alemannen oder Franken, diese führten jedoch nicht zu grundsätzlichen Völkerwanderungen. Ursächlich für die beginnenden großen Wanderungen ist das **Bevölkerungswachstum der Germanen**, die mehr Land benötigen, um ihren Lebensunterhalt zu sichern. Dies umso dringender, als Klimaveränderungen zu Ernteausfällen oder gar zu Hungersnöten führen.

Die Hunnen

AUSWIRKUNGEN

Slawische Völker dringen in die frei werdenden Gebiete Mittel- und Osteuropas nach. Das **Römische Reich zerfällt**, es bilden sich neue Staaten, von denen das Frankenreich am längsten Bestand hat und zum politischen Zentrum in Westeuropa wird.

22 Eroberung Roms durch Alarich

Die Westgoten weichen unter dem Druck der Ostgoten in das Römische Reich aus. Im Jahr 410 stehen sie unter der Führung ihres Königs Alarich das zweite Mal vor Rom, nehmen die Stadt ein und plündern sie.

WER?	Alarich I. (ca. 370–410); Theodosius I., auch bekannt als Theodosius der Große (347–95); Flavius Honorius (384–423); Flavius Arcadius (ca. 377–408)
WANN?	410
WO?	Rom

Nach dem Tod des **Kaiser Theodosius** im Jahr 395 wird das Römische Reich unter seinen Söhnen **Arkadius** und **Honorius** aufgeteilt. Germanische Völker dringen über den Rhein und ziehen durch Gallien. Auch Alarich, König der Westgoten, bricht mit seinem Volk zu einem **Plünderungsfeldzug** auf, der ihn über den Balkan und die peloponnesische Halbinsel nach Italien führt. 408 steht er das erste Mal vor den Toren Roms. Der Senat erkauft durch eine hohe **Lösegeldzahlung** den Abzug der Truppen. Zwei Jahre später steht er erneut vor Rom, erobert die Stadt und plündert sie drei Tage und Nächte. Verschont werden lediglich die Kirchen und diejenigen, die unter ihrem Dach Schutz suchen, da die Goten selbst Christen sind. Die **Einnahme Roms** ist ein Schock für das Römische Reich. Obwohl Rom nicht mehr Hauptstadt ist, sondern Konstantinopel, hat Rom dennoch großen Symbolwert. Die Heiden machen für diese Katastrophe das Christentum verantwortlich. Alarich zieht weiter Richtung Afrika, stirbt jedoch noch im selben Jahr bei Cosenza.

Theodosius der Große

Auswirkungen

Die Westgoten wandern über die Alpen und die Pyrenäen und begründen ihr Herrschaftsgebiet nach Abschluss des **Friedensvertrages** mit den Römern im Jahr 418 in Aquitanien. Das Tolosanische Reich der Westgoten entsteht um die Hauptstadt Tolosa, dem heutigen Toulouse.

Schlacht auf den Katalaunischen Feldern

23

In der Schlacht auf den Katalaunischen Feldern kämpfen die Römer unter ihrem Feldherrn Aëtius gegen die Hunnen unter Führung ihres Königs Attila.

WER?	Flavius Aëtius (ca. 390–454), Attila († 453), Flavius Placidus Valentinianus III. (419–455)
WANN?	451
WO?	Mittelfrankreich, vermutlich in der Nähe von Troyes

Im Frühjahr 451 zieht **Attila** mit einem riesigen Heer aus hunnischen und germanischen Reitern die Donau entlang nach Westen. Er überschreitet den Rhein und dringt tief nach **Gallien** vor. Sein Weg führt ihn über Trier, Metz, Reims nach Orleans und weiter nach Troyes. Die Weströmer unter **Aëtius** stellen sich ihm entgegen, es kommt zur entscheidenden **Schlacht auf den Katalaunischen Feldern** nahe der Stadt Troyes. An die 60.000 Soldaten kämpfen zwei Tage lang erbittert gegeneinander. Den Sieg erringen die vereinigten Westgoten, Weströmer, Franken, Burgunder und Alanen unter Aëtius. Der siegverwöhnte Attila erleidet das erste Mal in seiner Laufbahn eine Niederlage. Die Verluste sind auf beiden Seiten immens und die Schlacht geht als **Geisterschlacht** in die Sagenwelt ein. Attila zieht weiter nach Italien, erobert auch dort Städte und macht Beute, doch sein Ruf als unbesiegbarer Feldherr ist beschädigt. Sein Heer ist von den vielen Raubzügen und Schlachten geschwächt, viele seiner Krieger sind krank. Attila tritt schließlich den **Rückzug nach Pannonien** (Ungarn) an.

König Attila

AUSWIRKUNGEN

Attila stirbt im Jahr 453 und das Hunnenreich zerfällt. Die fast 80 Jahre dauernde Schreckensherrschaft des Reitervolkes findet ihr Ende. Aëtius, der gefeierte Held der Schlacht, wird 454 von **Kaiser Valentinian III.** eigenhändig ermordet.

24 OSTGOTENREICH

Der Ostgotenkönig Theoderich der Große erschlägt Odoaker, den germanischen (westgotischen) König in Italien, und begründet das Ostgotenreich mit der Hauptstadt Ravenna.

WER?	Zenon, lat. Flavius Zeno († 491); Flavius Theodoricus Rex, genannt Theoderich der Große (451/56–526); Odoaker, lat. Odovacrius (ca. 433–493); Flavius Petrus Sabbatius Justinianus (ca. 482–565)
WANN?	493–553
WO?	Italien

Der oströmische **Kaiser Zenon** beauftragt **Theoderich den Großen** im Jahr 488, den germanischen König Odoaker zu stürzen und als Schutzherr über Italien zu fungieren. Theoderich führt daraufhin fünf Jahre **Krieg gegen Odoaker**. In dieser Zeit belagert er Ravenna, zerstört Odoakers Reich und tötet ihn schließlich selbst. Kurz zuvor waren Theoderich und Odoaker vertraglich übereingekommen, gemeinsam über Italien zu herrschen. **Theoderich gründet das Ostgotenreich** mit der Hauptstadt Ravenna und ist alleiniger Herrscher über Römer und Goten in Italien. In den Jahren seiner Regentschaft herrschen **Frieden und Wohlstand** und die dem arianischen Christentum angehörenden Goten leben in Eintracht mit der katholischen Bevölkerung. Verwaltung und Wirtschaft legt er in römische Hände, die Goten leisten Kriegsdienst und erhalten im Gegenzug Land. Er fördert die freundschaftlichen Beziehungen zu anderen Germanenstämmen durch eine geschickte Heiratspolitik, bemüht sich um Rechtssicherheit, ist anderen Religionen gegenüber tolerant und fördert den Ausbau der Infrastruktur und der Straßen.

Theoderich der Große

AUSWIRKUNGEN

Theoderich der Große stirbt 526 und wird in einem monumentalen Grabmal in Ravenna beigesetzt, das heute noch zu besichtigen ist. Das **Ostgotenreich zerfällt** nach 20-jährigem Krieg gegen den **byzantinischen Kaiser Justinian**.

Frankenkönig Chlodwig I.

25

Chlodwig I., aus dem Geschlecht der Merowinger, unterwirft alle anderen fränkischen Gaukönige sowie die Teilfürstentümer und eint das Frankenreich.

WER?	Syagrius († 486/87); Flavius Theodoricus Rex, genannt Theoderich der Große (451/56–526)
WANN?	466–511 (Herrschaft ab 482)
WO?	Frankenreich

Bereits mit 15 Jahren folgt Chlodwig I. seinem Vater im Jahr 482 auf den Thron und wird **Teilkönig der salischen Franken**. Ehrgeizig und mit dem Willen zur Macht **erobert** er nach und nach **römisch-germanisches Gebiet**. Zuerst unterwirft er das Reich des Syagrius nahe Paris, mit dessen Niederlage die römische Herrschaft in Gallien endet. Weitere Gebiete werden in den Jahren 496 bis 507 dem erstarkenden Frankenreich zugeschlagen: Aquitanien, bis auf das Gebiet um Narbonne, das linksrheinische Gebiet der Alemannen sowie das Tolosanische Reich der Westgoten in Vouillé. Ein weiteres Vorrücken bis an das Mittelmeer vereiteln die Ostgoten unter Theoderich dem Großen. Nach dem ersten Sieg über die Alemannen bei Zülpich im Jahre 496 bekennt sich Chlodwig I. zum **Katholizismus** und lässt sich in der Kathedrale von Reims taufen. Motive dafür sind der Einfluss seiner katholischen Ehefrau wie auch die Hoffnung auf den Beistand Gottes in der Schlacht. Als er 511 stirbt, reicht das **Frankenreich vom Mittelrhein bis zu den Pyrenäen**. Es wird unter seinen vier Söhnen aufgeteilt.

Die Taufe Chlodwigs I.

AUSWIRKUNGEN

Das politische Geschehen in Europa verlagert sich schwerpunktmäßig vom Mittelmeerraum nach Mitteleuropa. Die Taufe Chlodwigs I. führt zu einer weitreichenden **Christianisierung**, ein Gesetzeswerk in lateinischer Sprache wird eingeführt, das für alle im Frankenreich verbindlich ist.

26 Schlacht bei Tours und Poitiers

Die Franken siegen unter Führung des fränkischen Hausmeiers Karl überraschend gegen die Araber. Der Siegeszug der Araber in Europa wird dadurch gestoppt.

WER?	Karl Martell (688–741); Pippin, der Mittlere oder Pippin von Herstal (ca. 635–714); Abd er-Rachman († 732)
WANN?	732
WO?	Frankenreich, Tours, Poitiers

Karl Martell

Karl wird 688 als illegitimer Sohn von **Pippin dem Mittleren** geboren. Er wird von seinem Vater von der Nachfolge als Hausmeier ausgeschlossen, kann sich 711 im Kampf gegen die Neustrier jedoch beweisen und seine Rechte durchsetzen. Von 714 bis 741 bekleidet er das **Amt des Hausmeiers** in den fränkischen Teilreichen und herrscht dort teilweise uneingeschränkt, d.h. ohne einen eingesetzten König. Er sichert die Einheit des Frankenreiches unter den Merowingern und ist der eigentliche Herrscher des Reiches. Im Herbst des Jahres 732 fallen die **Araber in Gallien** ein und ziehen südlich der Stadt Tours entlang. Karl stellt sich den zahlenmäßig weit überlegenen und siegesgewohnten Arabern mit einer Armee von Panzerreitern entgegen. Die Mauren unter ihrem Anführer Abd ar-Rahman erleiden eine gewaltige Niederlage und fliehen. Nur noch einmal, im Jahr 737, zieht eines ihrer Heere über die Pyrenäen und wird erneut vernichtend geschlagen. Karl festigt mit diesem Erfolg seinen Ruf als **größter Heerführer** des germanisch-fränkischen Reiches und erhält den Beinamen Martell, was soviel wie Hammer bedeutet.

AUSWIRKUNGEN

In der späteren Geschichtsschreibung wird Karl zum **Verteidiger des christlichen Abendlandes** gegen die islamische Gefahr hochstilisiert. Seine Eroberungen begründen die **fränkische Großmacht** und bilden die Voraussetzungen für das karolingische Königtum ab 751. Im Jahr 800 wird Karls Enkel, **Karl der Große**, in Rom zum Kaiser gekrönt.

Pippinische Schenkung

27

Mit der pippinischen Schenkung übergibt König Pippin I. die von den Langobarden eroberten Gebiete an den Papst.

WER?	Pippin III., später König Pippin I. (714–768); Papst Zacharias (ca. 679–752); Stephan II. (III.) († 757)
WANN?	754
WO?	Rom, Frankenreich

Pippin III. lässt sich 751 zum **König der Franken** wählen und die Wahl durch **Papst Zacharias** anerkennen. Die Karolinger sind damit als Königsgeschlecht bestätigt und Pippin lässt sich als erster fränkischer König kirchlich salben. Bald darauf geht er ein Bündnis mit **Papst Stephan** ein, der ihn um Hilfe gegen die Langobarden bittet. Pippin lässt sich zum zweiten Mal salben, auch seine Söhne erhalten die kirchliche Legitimation als künftige Herrscher. Besiegelt wird dies im **Vertrag von Quierzy** im Jahr 754, der die Dynastie der Karolinger als Frankenherrscher festschreibt. Pippin und seine Erben werden darüber hinaus zum „patricius Romanorum“, **Schutzherr von Rom,** ernannt. Im Gegenzug unternimmt Pippin zwei erfolgreiche Feldzüge gegen die in Nord- und Mittelitalien ansässigen **Langobarden** und übergibt die eroberten Gebiete an den Papst. Der König garantiert dem Papst den Besitz eines **Kirchenstaates**, das sogenannte „Patrimonium Petri“, und begründet dadurch eine enge Verbindung zwischen dem Frankenreich und dem Papsttum. Der Kirchenstaat umfasst **Teile des römischen Stadtgebietes,** das ehemals byzantinische Ravenna sowie Teile Mittelitaliens zwischen Ancona und Rimini.

König Pippin I.

AUSWIRKUNGEN

Mit dem Tod Pippins fällt das Reich an seine Söhne **Karl und Karlmann**. Karl (der Große) wird im Jahr 800 erster Kaiser des Heiligen Römischen Reiches Deutscher Nation. Mit der Pippinischen Schenkung entsteht ein **Territorialanspruch des Papstes**, der Kirchenstaat weitet sich aus.

28 Karl der Grosse

Erfolgreiche Kriegszüge, die Unterstützung der katholischen Kirche und eingeleitete Reformen machen ihn zu einem der mächtigsten Herrscher des Abendlandes.

WER?	Karl Martell (688–741); Pippin III., später König Pippin I. (714–768); Hadrian I. († 795); Papst Leo III. († 816); Irene von Athen (752–803); Ludwig I., der Fromme (778–840)
WANN?	747–814
WO?	Frankenreich

Der Enkel von Karl Martell und Sohn von König Pippin I. übernimmt 771 die Macht über das Frankenreich, das sich zu diesem Zeitpunkt von der französischen Atlantikküste bis nach Austrien erstreckt. Um sein Herrschaftsgebiet zu erweitern, führt Karl **Kriege** an allen Fronten. Den heftigsten Widerstand setzen ihm dabei die Sachsen im Nordosten entgegen, gegen die er ab 772 kämpft. Karl erobert die Eresburg, zerstört die Irminsul, ein Heiligtum der Sachsen, und macht sie sich dadurch zu erbitterten Feinden. Jahrzehntelang kämpfen die Sachsen gegen die Unterwerfung und Christianisierung durch Karl. Erst mit der **Gründung fränkischer Siedlungen** auf sächsischem Gebiet und der **Deportation der Sachsen** aus den eroberten Landstrichen, gelingt es Karl, diese endgültig zu bezwingen. Im Frühjahr 773 kämpft Karl auf Bitten **Papst Hadrians I.** gegen die Langobarden. Er erobert 774 Pavia, die Hauptstadt des Reiches und lässt sich zum **König der Langobarden** krönen. Als nächstes erobert er das Gebiet um Barcelona und gliedert Bayern gewaltsam ein.

Karl der Große

Höhepunkt seiner Macht bildet die **Krönung zum Kaiser durch Papst Leo III.** an Weihnachten im Jahr 800. Zuvor hatte Karl die pippinische

28

Papst Leo III. krönt Karl den Großen zum Kaiser

Schenkung seines Vaters an die Kirche bestätigt und damit zugleich das Bündnis zwischen weltlicher und geistlicher Macht. Die Krönung bringt Karl in direkten Konflikt mit dem byzantinischen Reich, dessen **Kaiserin Irene** einen gleichberechtigten Anspruch auf das Römische Imperium hat. Da eine Frau nach römischem Recht jedoch nicht das Oberkommando über das Heer haben kann, wird sie abgesetzt und verbannt. Erst im Jahr 812 wird das Kaisertum Karls des Großen durch Byzanz anerkannt.

Karl der Große schafft ein **einheitliches Verwaltungssystem** mit Grafschaften und reformiert das **Bildungssystem**. Den Grafen obliegt die Ausführung der Verwaltung im Reich. Sie fungieren als Stellvertreter des Königs und haben zum Teil weitgehende Sonderrechte, wie die Markgrafen, die auch als Militärbefehlshaber und Gerichtsherren tätig sind. Klöster und Bischöfe erhalten den Auftrag, Schulen einzurichten, um den Bildungsstandard der Christen zu verbessern. Der kaiserliche Hof wird zum Mittelpunkt für Gelehrte. Eine vereinfachte **einheitliche Schriftart** wird eingeführt, eine **gemeinsame Währung** wird anerkanntes Zahlungsmittel bis in den Orient. Schon zu Lebzeiten erhält Karl den Titel „der Große". Er stirbt nach 46 Jahren Regentschaft 814 in Aachen. Sein einziger legitimer Erbe, **Ludwig der Fromme**, folgt ihm auf den Thron.

AUSWIRKUNGEN

Das Frankenreich in der Ausdehnung Karls des Großen besteht nur 20 Jahre. Der **Vertrag von Verdun** 843 regelt die Aufteilung des Reiches unter den drei Enkeln Karls. Karl der Große wird im Mittelalter als **Ideal eines christlichen Herrschers** verehrt und von Kaiser Friedrich I. Barbarossa 1165 heiliggesprochen.

29 Vertrag von Verdun

Die Enkel Karls des Großen und Söhne von Ludwig dem Frommen beenden mit dem Vertrag von Verdun die Streitigkeiten um die Macht im Frankenreich.

WER?	Karl der Große (747–814); Ludwig I., der Fromme (778–840); Ludwig II., der Deutsche (ca. 806–876); Lothar I. (795–855); Karl II., der Kahle (823–877)
WANN?	843
WO?	Frankenreich

Lothar I.

Noch zu Lebzeiten ihres Vaters Ludwig I. kommt es unter den Brüdern zu Streitigkeiten um das zu erwartende Erbe. Die *Ordinatio Imperii* von 817, nach der nur der **älteste Sohn die Kaiserwürde** erhält, steht dabei im Gegensatz zum Stammesrecht, das eine **gleichberechtigte Teilung** unter allen Erben vorsieht. Die streitenden Brüder scharen Adelige um sich, die sie in ihrem Anspruch unterstützen, es entwickelt sich eine regelrechte **Staatsaffäre**. Die Auseinandersetzungen um das Erbe gehen soweit, dass Ludwig der Fromme zweimal, in den Jahren 830 und 833, als Kaiser abgesetzt wird. Er stirbt 840 und es kommt zu **Erbfolgekriegen** zwischen den Brüdern. Karl der Kahle und Ludwig der Deutsche verbünden sich gegen ihren Bruder Lothar I. und besiegen ihn in der **Schlacht von Fontenoy**. Sie besiegeln ihren Bund durch die **Straßburger Eide** im Jahr 842. Ein Jahr später erfolgt die **Teilung des Frankenreiches**, besiegelt im Vertrag von Verdun. Karl der Kahle erhält Gallien (Westreich), Ludwig der Deutsche bekommt Ostfranken mit Bayern, Schwaben, Thüringen, Sachsen sowie Franken, und Lothar erhält die Gebiete in der Mitte, das Mittelreich mit Provence, Arelat und Lothringen.

Auswirkungen

Die vereinbarten Grenzen verschieben sich später noch ein paar Mal, eine Vereinigung wird nie wieder erreicht. Es entstehen die **Königreiche Frankreich** und **Deutschland** sowie die **Herrschaftsbereiche Burgund** und **Italien**.

Schlacht auf dem Lechfeld 30

Das vereinte deutsche Heer unter Otto I. siegt auf dem Lechfeld bei Augsburg über die Ungarn.

WER?	Heinrich I. (876–936); Otto I., der Große (912–973); Heiliger Ulrich von Augsburg, Ulrich I. (890–973)
WANN?	10. August 955
WO?	Ostfrankenreich, Lechfeld bei Augsburg

Schon unter der Regentschaft seines Vaters, Heinrichs I., **überfallen** die **Ungarn** regelmäßig **das Reich** und verwüsten das Land. Daran ändert sich auch nichts, als **Otto I.** den Thron besteigt. 955 überschreiten die Ungarn die Grenze erneut und rechnen kaum mit Widerstand, da die Fürsten im Land zerstritten sind und der König damit beschäftigt ist, die **innenpolitischen Auseinandersetzungen** zu schlichten. Doch Otto I. gelingt es angesichts der Bedrohung von außen schnell, den Adel gegen den gemeinsamen Feind zu einen. Innerhalb von ein paar Wochen stellt er eine Streitmacht auf, die aus fast allen Stämmen des Reiches besteht, und zieht Richtung **Augsburg**. Dort belagern die Ungarn bereits die befestigte Stadt, deren **Verteidigung von Bischof Ulrich** erfolgreich organisiert wird. Zum Zusammentreffen der feindlichen Truppen kommt es in der Nähe von Augsburg auf dem **Lechfeld**. Otto I. und den verbündeten Heeren der Bayern, Schwaben, Franken und Böhmen gelingt der entscheidende und vernichtende Schlag gegen das ungarische Reiterheer. Mit dem **Sieg Ottos I.** finden die Raubzüge der Ungarn im Reich ein Ende.

Die Krone von Otto I.

AUSWIRKUNGEN

Otto I. festigt seine Herrschaft und wird im Jahr 962 vom Papst in Rom zum **Kaiser** gekrönt. Die Ungarn werden nach der Niederlage in den Ebenen an Donau und Theiß sesshaft.

31 Gang nach Canossa

König Heinrich IV. zieht zur Buße von Speyer über die Alpen nach Canossa, damit der gegen ihn ausgesprochene Kirchenbann aufgehoben wird.

WER?	Heinrich IV. (1050–1106) Gregor VII., eigentlich Hildebrand von Soana (ca. 1020–85)
WANN?	1077
WO?	Speyer, Italien

Ausgangspunkt des **Streits** zwischen Papst und König ist die Frage, wer berechtigt ist, die **Investitur**, d.h. die Einsetzung von Bischöfen in ihr Amt, vorzunehmen. **Papst Gregor VII.** erklärt mit dem *Dictatus papae* das Papsttum zur höchsten Macht auf Erden, und die Laieninvestitur wird verboten. Doch Heinrich IV. ist nicht gewillt, auf die Investitur zu verzichten und setzt weiter Bischöfe ein. Es kommt zu **heftigen Auseinandersetzungen**, in deren Folge Heinrich IV. 1076 mit dem **Kirchenbann** belegt wird. Damit ist er nicht nur aus der Kirche ausgeschlossen, mit dem Bann verlieren auch alle Verträge und Lehnseide ihre Gültigkeit. Um seine Handlungsfähigkeit wiederzuerlangen, hat er die Möglichkeit, innerhalb eines Jahres und eines Tages den Papst um Lösung des Bannes zu bitten. Im Winter 1076/77 tritt er den **Büßergang über die Alpen zur Burg Canossa** an. Vermutet wird, dass sich der Papst dort aufhält, weil er eine militärische Auseinandersetzung mit Heinrich IV. befürchtet. Drei Tage lang erscheint Heinrich IV. im Büßerhemd und barfuß vor der Burg, bis der Papst ihn erhört und vom Bann losspricht.

Heinrich IV. bittet um Fürsprache

Auswirkungen

Die deutschen Fürsten wählen einen **Gegenkönig**, Heinrich IV. wird 1080 erneut vom Papst gebannt, der König setzt daraufhin einen **Gegenpapst** ein. Der Investiturstreit dauert auch nach dem Tod von König Heinrich IV. und Papst Gregor VII. an und wird erst im Jahr 1122 mit dem **Wormser Konkordat** beigelegt.

Erster Kreuzzug

32

Papst Urban II. ruft am 27. November 1095 in Clermont zum Ersten Kreuzzug auf. Ziel ist die Rettung des „Heiligen Landes vor den Ungläubigen“.

WER?	Urban II. (ca. 1035–99); Peter von Amiens, auch Peter der Einsiedler (ca. 1050–1115); Gottfried von Bouillon (ca. 1060–1100); Raimund IV. von Toulouse, genannt Raimund von Saint-Gilles (1041/42–1105); Robert, Herzog von der Normandie (1054–1134)
WANN?	1096–1099
WO?	Frankreich, Italien, Heiliges Römisches Reich, Kleinasien

Auslöser für den Kreuzzug ist das **Vordringen der Seldschuken** auf byzantinisches Gebiet. Der byzantinische Kaiser richtet daraufhin ein **Hilfegesuch** an die christlichen Staaten in Europa. Nach einer flammenden Rede **Urbans II.** auf dem Konzil von Clermont 1095 und den Predigten von **Peter von Amiens** ziehen zuerst die armen Bauern, später die Ritter in Richtung Jerusalem; getrieben von den **Versprechungen** der Kirche auf **Sündenerlass** und der Aussicht auf Reichtum und Abenteuer. Die schlecht ausgerüsteten Bauern und Abenteurer richten im eigenen Land **Massaker** unter der jüdischen Bevölkerung an und werden noch vor dem Sammelpunkt Konstantinopel vernichtend geschlagen. Die **Ritterheere** machen sich, geführt u.a. von Gottfried von Bouillon, Raimund von Toulouse und Robert von der Normandie, auf den Weg. Das Heer marschiert durch Kleinasien, erobert Nicäa und gründet in Edessa und Antiochia die ersten **Kreuzfahrerstaaten**. **1099 erobern** die Kreuzfahrer **Jerusalem**. Tagelang richten sie unter den Bewohnern ein grausiges **Blutbad** an.

Papst Urban II.

Auswirkungen

Jerusalem bleibt 88 Jahre unter **christlicher Herrschaft**. Geistliche Ritterorden entstehen, weitere Kreuzzüge folgen.

33 Wormser Konkordat

Das Wormser Konkordat beendet den fast fünf Jahrzehnte dauernden Investiturstreit über die Frage, wer Bischöfe in ihr Amt einsetzen darf.

WER?	Heinrich V. (1081 oder 1086–1125); Calixts II., eigentlich Guido von Vienne oder Guido Graf von Burgund (ca. 1060–1124)
WANN?	23. September 1122
WO?	Deutsches Reich, Italien, Burgund

Nach erbitterten **Fehden zwischen Papst und Kaiser** kommt es am 23. September **1122** endgültig zu einer **Einigung im Investiturstreit**. Das Konkordat, ein Vertrag zwischen katholischer Kirche und dem Staat, wird im Dom von Worms verkündet. Der gefundene **Kompromiss** unterscheidet in Zukunft zwischen einem **geistlichen und weltlichen Teil** der Amtseinführung von Bischöfen. Demzufolge werden die Bischöfe durch das Domkapitel gewählt, der Papst oder einer seiner Vertreter nimmt die Investitur mit den kirchlichen Symbolen Stab und Ring vor. Die Wahl findet dabei in Gegenwart des Kaisers oder Königs statt, der den Bischof vor der Weihe belehnen kann. Dazu setzt er ihn mit den weltlichen Insignien Zepter und Schwert in sein Amt ein und überträgt die zum Bistum gehörenden Ländereien. In Italien und Burgund erfolgt die kaiserliche Einsetzung des Bischofs erst sechs Monate nach der Wahl. Damit hat der Kaiser nur noch ein rein **theoretisches Mitbestimmungsrecht** bei der Auswahl der Bischöfe.

Heinrich V.

AUSWIRKUNGEN

Der Investiturstreit findet mit dem **Wormser Konkordat** sein Ende. Ähnliche Regelungen finden auch in Frankreich, England, Schweden und Norwegen Anwendung. Die bislang bestehende Einheit zwischen Papsttum und Kaisertum wird mit der Vereinbarung aufgehoben.

ALEXANDRINISCHES SCHISMA 34

Der Wahlmodus für Papstwahlen hat einen entscheidenden Fehler: Es ist nicht festgelegt, wie viele Stimmen auf einen Kandidaten entfallen müssen, damit er als gewählt gilt.

WER?	Hadrian IV. (zw. 1100 und 1120–59); Alexander III., Orlando Bandinelli (ca. 1100 oder 1105–81); Victor IV., Octavian (1095–1164); Friedrich I. Barbarossa (ca. 1122–90); Paschalis III., Guido von Crema († 1168)
WANN?	1159–77
WO?	Deutsches Reich, Italien

Nach dem **Tod von Papst Hadrian IV.** kommt es unter den Kardinälen 1159 zu einer **uneinigen Wahl**. Zwar hatte man sich darauf verständigt, dass nur eine einhellige Wahl gelten sollte, doch es stehen drei Kandidaten zur Wahl. Nachdem sich einer von ihnen zurückzieht, bleiben als Kandidaten **Orlando Bandinelli** und **Octavian** übrig. Das Wahlergebnis ist nicht einstimmig und Bandinelli, der mehr Stimmen auf sich vereinen kann, erklärt sich zum neuen, rechtmäßigen Papst und nimmt den Namen Alexander III. an. Doch auch Octavian besteht auf der Papstwürde, nennt sich fortan Victor IV. und erhält die Unterstützung von Friedrich I. Barbarossa, dem er treu ergeben ist. Kaiser Friedrich beruft **1160** das **Konzil von Pavia** ein, um das Schisma zu beseitigen, scheitert jedoch. Als Victor IV. im Jahr 1164 stirbt, scheint eine Lösung in Sicht – bis der Kölner Erzbischof mit der Wahl von Paschalis III. für eine Fortsetzung der Spaltung sorgt. Nach fast zwei Jahrzehnten kann sich Alexander durchsetzen, der Kaiser erkennt **1177** im **Frieden von Venedig** dessen Papstwürde endgültig an.

Papst Alexander III. bei seiner Rückkehr nach Rom

AUSWIRKUNGEN

Auf dem Dritten Laterankonzil **1179** wird unter Alexander III. eine **neue Papstwahlordnung** beschlossen, die für eine gültige Wahl die **Zweidrittelmehrheit** voraussetzt. Dieser Beschluss hat mit einigen Zusätzen bis heute Bestand.

35 Friedrich I. Barbarossa

Der Staufer Friedrich I. gilt als einer der mächtigsten Herrscher im deutschen Mittelalter, als Friedensfürst und Reichserneuerer. Den Beinamen Barbarossa erhält er in Italien wegen seines roten Bartes.

WER?	Konrad III. (1093–1152), Hadrian IV. (zw. 1100 und 1120–59), Alexander III. (ca. 1100 oder 1105–81), Heinrich der Löwe (ca. 1129/1130 oder 1133/35–95)
WANN?	1122–90
WO?	Heiliges Römisches Reich, Italien, Kleinasien

Welfen und Staufer stehen sich im Reich feindlich gegenüber. **Friedrich I.**, Sohn eines Staufers und einer Welfin, wird nach dem Tod seines Onkels Konrad III. zu dessen Nachfolger bestimmt, in der Hoffnung, dass die Bürgerkriege damit ein Ende finden. Friedrich I. wird am 4. März 1152 in Frankfurt am Main zum **römisch-deutschen König** gewählt. Im selben Jahr verkündet er den „**Reichslandfrieden**" und unternimmt damit erste Schritte, dem zerstrittenen Adel Grenzen aufzuzeigen. Zweites Ziel seiner Politik ist die **Unterwerfung Italiens**, sechs Italienfeldzüge unternimmt er von 1154 bis 1186 zu diesem Zweck.

Schlacht von Legnano *von Amos Cassioli*

Den **ersten Italienfeldzug** unternimmt Friedrich vor allem, um sich in Rom zum Kaiser krönen zu lassen. Bedingung dafür ist u.a., dass er Rom unterwirft und der Papst die Herrschaft über die Stadt erhält. Am 18. Juni 1155 wird Friedrich I. im Petersdom von Hadrian IV. zum **Kaiser des Heiligen Römischen Reiches** gekrönt. Die getroffenen Vereinbarungen mit dem Papst hält er nicht ein und es kommt zum Bruch. Der **zweite Italienfeldzug** kostet die lombardischen Städte die Selbstverwaltung. Mailand wird belagert und im Jahr 1162 zerstört. Die oberitalienischen Städte schließen sich daraufhin zusammen und gründen den **Lombardischen Städtebund** „Lega Lombarda“.

Dritter Kreuzzug

Papst Alexander III., Nachfolger von Hadrian, stellt sich gegen Barbarossa und **exkommuniziert** ihn **1160**. Dem Kaiser gelingt es dennoch, seine Ansprüche gegen die Kirche durchzusetzen, er **erobert 1167 Rom**. Die **Pest** , die in der Stadt ausbricht, vernichtet einen Großteil seines Heeres und zwingt Friedrich zum **Rückzug**. Innenpolitisch flammt der alte welfisch-staufische Streit wieder auf, als der Welfe **Heinrich der Löwe** auf dem **fünften Italienfeldzug** 1176 die Heeresfolge verweigert. Barbarossa entzieht ihm die Herzogtümer Bayern und Sachsen und schickt ihn 1181 nach England in die Verbannung. Der **Sonderfriede von Venedig 1177** besiegelt die Versöhnung von Friedrich I. und Papst Alexander III. Die Kämpfe mit den Normannen und Lombarden finden ein Ende und die italienischen Städte erhalten mit dem **Frieden von Konstanz** 1183 die **Selbstverwaltung**. Dafür erkennen sie die kaiserliche Oberhoheit an. Der Friede im Reich ist wieder hergestellt, als Barbarossa im Jahr 1187 dem Aufruf des Papstes zum **Dritten Kreuzzug** folgt. Er stirbt am 10. Juni 1190.

AUSWIRKUNGEN

Barbarossa gilt als volkstümlicher Kaiser, viele Legenden wie die **Kyffhäusersage** ranken sich um seine Person. Nach Barbarossas Tod flammen **neue Streitigkeiten** zwischen Staufern und Welfen auf. Das deutsche Königtum verliert an Einfluss gegenüber dem Papst und die Staufer gehen unter.

36 KINDERKREUZZUG

Ein Heer von Kindern und Jugendlichen macht sich auf den Weg in das Heilige Land. Sie kommen allerdings nie dort an.

WER?	Innozenz III. (1160/1161–1216)
WANN?	1212
WO?	Deutschland, Frankreich, Italien

Innozenz III.

Unabhängig voneinander brechen **zwei Kreuzfahrerzüge** aus **Deutschland** und **Frankreich** nach **Jerusalem** auf. Der deutsche Zug, der in Köln startet, wird von **Nicolaus** angeführt. Er behauptet, ihm sei ein Engel erschienen, mit der Aufforderung, das heilige Grab von den Ungläubigen zu befreien. Seine Gruppe zieht den Rhein entlang nach Speyer, weiter durch das Elsass, überquert die Alpen und gelangt nach Genua. Die Strapazen fordern ihren Tribut, viele **Kreuzfahrer verhungern oder verdursten** auf dem Weg. Von Genua aus zieht eine Teilgruppe weiter nach Rom und ersucht **Papst Innozenz III.** darum, sie von dem Kreuzfahrergelübde zu entbinden. Chroniken berichten allerdings, dass der Papst die Gelübde nur zeitlich aufgeschoben haben soll – bis zur Volljährigkeit der Teilnehmer. Der Rest der Gruppe teilt sich: Manche gehen nach Marseille, die anderen in die Hafenstädte Pisa und Brindisi. Im Heiligen Land kommt keine der Gruppen an.
Der französische Zug beginnt südlich von Paris und wird von einem Jungen namens **Stephan** angeführt, der ebenfalls von **religiösem Eifer** getrieben ist. Er endet in Marseille, die Kinder werden als **Sklaven** verkauft oder ertrinken auf gekenterten Schiffen.

AUSWIRKUNGEN

Trotz des gewaltigen Scheiterns dieses Zuges folgen **drei weitere Kreuzzüge** unter der Führung von Königen und Kaisern. Nur einer von ihnen ist erfolgreich.

SCHLACHT BEI BOUVINES

37

In der Schlacht bei Bouvines stehen sich das Heer des französischen Königs Philipp II. August und die verbündeten Heere der Engländer und Deutschen gegenüber.

WER?	Philipp II. August (1165-1223); Johann I., Johann Ohneland (1167–1216); Otto IV. von Braunschweig (1175/76-1218); Heinrich IV. (1175/76–1218); Philipp von Schwaben (1177–1208)
WANN?	27. Juli 1214
WO?	Frankreich

Die Schlacht entscheidet den **staufisch-welfischen Streit** zugunsten der Staufer. Nach dem Tod von Heinrich VI. im Jahr 1197 werden zwei Könige auf den Thron gewählt. **Philipp von Schwaben** auf Seiten der Staufer, **Otto IV.** auf Seiten der Welfen. Die darauf folgende Krise weitet sich aus, da die Staufer **Verbündete Frankreichs** sind, die Welfen jedoch **Unterstützer Englands**. Auch mit der Ermordung Phillips von Schwaben ändert sich nichts an dem schwelenden Konflikt zwischen den beiden Großmächten. Bei Bouvine in Flandern treffen die französischen Truppen unter König Philipp II. August auf die verbündeten englischen, welfischen und flandrischen Heere unter dem deutschen König Otto IV. Der englische König will sein Land auf dem Festland verteidigen, der französische seine Machtposition festigen, was ihm auch gelingt. Philipp II. gewinnt neben dem Land auch an politischem und wirtschaftlichem Einfluss. Der geschlagene König Englands muss sich auf die britischen Inseln zurückziehen und Otto IV. verliert Macht und Ansehen. Vier Jahre später stirbt er zurückgezogen und unbeachtet.

Philipp II.

AUSWIRKUNGEN

Der **Sieg der Franzosen** beendet einen europäischen Krieg, Frankreich steigt zur **europäischen Großmacht** auf. Der deutsche Thronstreit wird zugunsten der Staufer entschieden.

38 Magna Charta

Die *Magna Charta Libertatum* sichert dem Adel grundlegende politische Freiheiten und garantiert der Kirche die Unabhängigkeit von der Krone.

WER?	Johann I., Johann Ohneland (1167–1216) Richard I. Löwenherz (1157–99)
WANN?	15. Juni 1215
WO?	England

Nach der **Niederlage bei Bouvines** kommt es zum **offenen Aufstand des Adels** gegen ihren König Johann Ohneland. Ohnehin nie so beliebt wie sein verstorbener Bruder Richard Löwenherz, hat er den aufständischen englischen Baronen wenig entgegenzusetzen und unterzeichnet unter diesem Druck die **Magna Charta**. Es gelingt ihm dadurch, die aufgebrachten Adeligen zu besänftigen, die am 19. Juni ihren Treueeid auf den König erneuern. Auf der anderen Seite schwächt er mit dem Schriftstück die Monarchie und gesteht sowohl dem Adel als auch der Kirche weitreichende Rechte zu. So wird in den **63 Artikeln** u.a. die Mitsprache bei Abgaben, die persönliche Unversehrtheit und ein ordentliches Verfahren nach den Gesetzen des Landes bei Verhaftungen festgeschrieben. Doch Johann ist nicht gewillt, sich an die Charta zu halten. Er zwingt den Papst, die Freiheitserklärung für **ungültig** zu erklären. Ein **verheerender Aufstand** bleibt nur aus, weil Johann im Oktober 1216 stirbt. Seine Nachfolger halten sich in den darauffolgenden Jahrhunderten an die in der Charta festgeschriebenen Bestimmungen. Die Charta gibt es in mehreren Originalen, damit jeder Grafschaft zur Durchsetzung der Rechte ein eigenes Dokument zur Verfügung gestellt werden konnte.

Richard Löwenherz

AUSWIRKUNGEN

Die Magna Charta begründet den **Rechtsstaat**. Sie ist die **Grundlage des englischen Parlamentarismus** und gilt als **Meilenstein des europäischen Verfassungsrechts**. Sie ist bis heute **Teil des englischen Gesetzes**.

HUNDERTJÄHRIGER KRIEG

39

Nach dem Tod des französischen Königs Karl IV. entbrennt der Streit um die Nachfolge. Sowohl Eduard III. von England als auch Philipp VI., Vetter des verstorbenen Königs, beanspruchen den Thron.

WER?	Karl IV., der Schöne (1295–1328); Eduard III. (1312–77); Philipp VI. (1293–1350); Johann II., der Gute (1319–64); Jeanne d'Arc, auch Johanna von Orleans oder Jungfrau von Orleans (1412–31)
WANN?	1337–1453
WO?	Frankreich, England

Über 100 Jahre dauert der Krieg – immer wieder unterbrochen von Waffenstillständen und Friedensverträgen. Ausgelöst wird er, weil der englische König Eduard III. **Anspruch auf die französische Krone** erhebt. Stattdessen besteigt **Philipp VI.** den Thron, kurz darauf besetzt er den Festlandbesitz Englands. Eduard reagiert mit dem **Einfall in Frankreich**. Neue Waffen sowie eine veränderte Kampftaktik verhelfen den Engländern bald zu großen Erfolgen. Sie siegen 1346 bei Crécy und 1356 bei Maupertius. **König Johann II.**, der Nachfolger Philipps, gerät in **Gefangenschaft** und kommt nur durch enorme Lösegeldzahlungen, vorwiegend in Form von Land, wieder frei. In den folgenden Jahren erobert Frankreich große Gebiete zurück, verliert sie allerdings auch wieder. Erst durch das Eingreifen von **Jeanne d'Arc** erringt Frankreich den entscheidenden Vorteil. Die Engländer werden vom Festland vertrieben, der Krieg ist beendet. Ein formeller **Friedensvertrag** wird erst **1475** geschlossen.

Gefangennahme von Jeanne d'Arc

AUSWIRKUNGEN

Calais fällt erst 1558 zurück an Frankreich. In England entbrennen die **Rosenkriege** um die englische Thronfolge. **Jeanne d'Arc** wird auf dem Scheiterhaufen verbrannt. Sie wird zur **Nationalheldin** der Franzosen.

40 GROSSE PEST

Von China nach Europa eingeschleppt, verbreitet sich der „Schwarze Tod“ rasant. Ein Drittel der europäischen Bevölkerung fällt der Pandemie zum Opfer.

WER?	Giovanni Boccaccio (1313–75) Clemens VI. (ca. 1290–1352)
WANN?	1347–53
WO?	Europa

Die **Pest** kommt durch Ratten und Flöhe nach **Europa**, wo sie sich entlang der Handelswege verbreitet. Einzelne Fälle treten bereits **1346** in Sizilien und auf dem italienischen Festland auf. Im Frühjahr 1347 erreicht der Erreger Konstantinopel, im Sommer das südöstliche Europa. Er verbreitet sich 1348 nach Spanien, Frankreich, Südengland und Norddeutschland. Osteuropa, Süddeutschland sowie Österreich folgen. Die Große Pest ist die **schwerste Pestpandemie** aller Zeiten in Europa. Den Namen „Schwarzer Tod“ erhält sie, weil die häufigsten Symptome dunkel verfärbte Beulen sind. Schwarz ist aber auch ein Synonym für das Schreckliche und Unfassbare der Seuche. Zeitzeugen wie der **Dichter Giovanni Boccaccio** bezeichnen sie als „großes Sterben“ oder „große Pestilenz“. Geschätzte 20 bis 25 Millionen Menschen kommen um. Die **Ärzte** stehen der Seuche **hilflos** gegenüber. Ungünstige Sternkonstellationen, die Juden als Brunnenvergifter oder eine Fehlmischung der Körpersäfte müssen als Erklärung für das Massensterben herhalten. Maßnahmen wie das Verbrennen von Substanzen verpuffen wirkungslos. **Papst Klemens VI.** spricht sich für eine **Untersuchung der Pesttoten** aus, um die Ursachen zu ergründen.

Giovanni Boccaccio

AUSWIRKUNGEN

Die **Wirtschaft** geht zugrunde, ganze Landstriche veröden, Arbeitskräfte werden knapp. **Pogrome** gegen die **Juden** nehmen an Häufigkeit und Heftigkeit zu.

ERLASS DER GOLDENEN BULLE 41

Das wichtigste Verfassungsdokument des Mittelalters hat seinen Namen von den goldenen Siegeln, die sechs der insgesamt sieben Urkunden tragen.

WER?	Karl IV. (1316–78)
WANN?	1356
WO?	Nürnberg, Metz, Geltungsbereich Deutschland

Die goldene Bulle

Ein Jahr nach seiner Krönung zum Kaiser verkündet Karl IV. **1356** auf den Hoftagen in Nürnberg und Metz ein umfangreiches **Reichsgesetz**: die Goldene Bulle. Die Kapitel eins bis 23 sind das Ergebnis der Beratungen auf dem Hoftag in Nürnberg, die ergänzenden Kapitel 24 bis 31 werden auf dem Hoftag von Metz veröffentlicht. Das in lateinischer Sprache verfasste Werk legt das Verfahren zur deutschen **Königswahl** fest, regelt die **Rechte und Pflichten der Kurfürsten** bei der Königswahl und bindet das **Wahlrecht** unauflösbar an die **Fürstentümer**. Weitere Regelungen betreffen ehemalige königliche Rechte wie das **Münz- oder Zollrecht**, die jetzt durch die Kurfürsten ausgeübt werden können. Des Weiteren sollen sich die Kurfürsten einmal im Jahr mit dem König treffen und ihn beraten. Grundsätzlich handelt es sich bei den Regelungen in der Bulle nicht um völlig neue Vereinbarungen. **Formuliert** wird vielmehr bislang angewandtes, aber **nicht schriftlich fixiertes Gewohnheitsrecht**. Sieben besiegelte Ausfertigungen gibt es von der Bulle: für Böhmen, Mainz, Köln, Trier, die Pfalz sowie für die beteiligten Städte Frankfurt und Nürnberg. Die Ausfertigungen weichen stellenweise voneinander ab. Neben diesen sieben Exemplaren lässt Karl IV. über 20 weitere Urkunden mit Goldbullen erstellen.

AUSWIRKUNGEN

Die **Territorialisierung** nimmt in den folgenden Jahrhunderten weiter zu. Die Goldene Bulle ist bis zum Ende des Alten Reichs 1806 gültig.

42 Friede von Stralsund

Der Friede von Stralsund beendet die fast zehnjährige dänische Vorherrschaft über das Bündnis der Hanse. Dänemark unterliegt, die Hanse feiert ihren ersten militärischen Erfolg.

WER?	Waldemar IV. Atterdag (ca. 1321–75) Olav II. Håkonsson (1370–87)
WANN?	24. Mai 1370
WO?	Dänemark, Deutschland, Ostseeraum

Friedensschluss zwischen der Hanse und Dänemark, 1370

Der Stralsunder Friede markiert den Endpunkt des zweiten **Hanse-Dänemark-Krieges**. Der Konflikt beginnt **1361** mit der dänischen Eroberung und Plünderung der Hansestadt Visby auf der Insel Gotland. Nicht nur der Raub von tonnenweise Gold und Silber, sondern auch die Einschränkung ihrer Privilegien erzürnt die Mitglieder der Hanse. Dänemark wird der Krieg erklärt. Auf dem Hansetag in Köln **1367** folgt der Zusammenschluss zu einer **Konföderation**. Abgaben zur Finanzierung des Krieges werden ebenso beschlossen wie die Zahl der Schiffe und Bewaffneten, die jede Hansestadt zu stellen hat. Vereint zieht die Hanse 1368 gegen Kopenhagen, zerstört die Stadt und treibt den König in die Flucht. Zwei Jahre später muss der dänische König im **Friedensvertrag** nicht nur die Herrschaft der Hanse über die Ostsee, sondern auch ein **hansisches Mitbestimmungsrecht** auf die **dänische Thronfolge** anerkennen. Die Privilegien der Hanse werden bestätigt. Dazu gehört die Überlassung der Sundfestungen Helsingborg, Malmö, Skanør und Falsterbo für 15 Jahre, ebenso wie zwei Drittel der Einnahmen aus den Sundschlössern.

AUSWIRKUNGEN

Nachfolger Waldemars wird 1375 sein **Enkel Olaf II.**, wahrscheinlich mit Zustimmung der Konföderation. Die Sundfestungen werden 1385 geräumt. Die Hanse entwickelt sich zum **Städtebund**.

Konzil von Konstanz

43

Das auf Betreiben von König Sigismund und dem Gegenpapst Johannes XXIII. einberufene Konzil befasst sich mit Reformen der Kirche und Fragen der Ketzerei.

WER?	Sigismund von Luxemburg (1368–1437) Johannes XXIII. (ca. 1370–1419) Jan Hus (ca. 1369–1415) John Wyclif (ca. 1330–84)
WANN?	1414–18
WO?	Konstanz

Auslöser für die Einberufung des Konzils auf Drängen Sigismunds ist die **Uneinigkeit** an der Spitze der Kirche. Insgesamt **drei Päpste** streiten um die Macht, die Spaltung des Reiches droht. Im November 1414 beginnt das **Konzil in Konstanz**, an dem bis zu 70.000 Menschen aus ganz Europa beteiligt sind. Kirchenmänner, Theologen, weltliche Herrscher und natürlich Schaulustige. Konstanz platzt aus allen Nähten. Neben der **Beseitigung des Schismas** (Kirchenspaltung) beschäftigt sich das Konzil hauptsächlich mit den Irrlehren, insbesondere denen des Kirchenreformators **Jan Hus**. Das Konzil verurteilt seine Lehren als **Ketzerei**, genau wie die von **John Wyclif**, der zum Zeitpunkt des Konzils bereits tot ist, jedoch posthum schuldig gesprochen wird. Hus soll seinen Lehren abschwören, bleibt standhaft, wird zum Tode verurteilt und **stirbt 1415** auf dem **Scheiterhaufen**, obwohl ihm der Kaiser freies Geleit zugesichert hatte. Das Schisma kann durch die **Absetzung zweier Päpste** und den freiwilligen Rücktritt des dritten erfolgreich beendet werden. An den erhofften umfassenden Kirchenreformen scheitert das Konzil jedoch.

Papst Johannes XXIII.

AUSWIRKUNGEN

Die Hinrichtung von Jan Hus führt in Böhmen zu **Volksaufständen** und den **Hussitenkriegen**. Die Kämpfe werden brutal niedergeschlagen.

44 HUSSITENKRIEGE

Die Hinrichtung von Jan Hus löst unter seinen Anhängern in Böhmen heftige Proteste aus. In der Folge kommt es zu Aufständen in Prag, die 1419 mit dem „Ersten Prager Fenstersturz" ihren Anfang nehmen.

WER?	Jan Hus (ca. 1369–1415) Sigismund von Luxemburg (1368–1437) Martin V. (1368–1431)
WANN?	1419–36
WO?	Deutschland, Böhmen, Österreich, Ungarn

Die Hussiten erkennen Sigismund nicht als ihren neuen König an, da sie ihn für den Tod von Jan Hus verantwortlich machen. Der **Konflikt eskaliert**, als Papst Martin V. im Jahre 1420 einen **Kreuzzug** gegen die Hussiten ausruft und Sigismund mit einem deutschen Heer in Böhmen einfällt. Sein Versuch, ganz Prag zu erobern, scheitert jedoch. In ihrer Ablehnung gegenüber Sigismund sind sich die Hussiten einig, ansonsten ist die Bewegung sehr heterogen. Die gemäßigten **Utraquisten** finden Zulauf aus Adel und Bürgertum, die radikalen **Taboristen** rekrutieren sich zum größten Teil aus Bauern und Kleinbürgern. Ab 1426 ziehen sie offensiv ins Feld. Auf ihrem Weg durch Böhmen, Mähren, Österreich, Ungarn, Bayern, Sachsen, Schlesien und Brandenburg hinterlassen sie eine Spur der Verwüstung. **1433** beginnen auf dem **Basler Konzil Friedensverhandlungen**, die zumindest mit den Utraquisten zu einem **Kompromiss** führen. Inzwischen selbst über die radikalen und unbeugsamen Taboristen beunruhigt, verbünden sie sich mit den Katholiken. 1434 werden die Taboristen besiegt. Am 5. Juli **1436 enden** die **Hussitenkriege**, Kaiser Sigismund wird als Herrscher anerkannt.

Jan Hus

AUSWIRKUNGEN

In Prag wird ein Hussit als **Erzbischof** eingesetzt, Predigten dürfen in tschechischer Sprache gehalten werden. Das tschechische **Nationalbewusstsein** wird gestärkt.

ROSENKRIEGE

45

Der Konflikt zwischen den englischen Adelshäusern Lancaster (rote Rose) und York (weiße Rose) um die Thronfolge erhält seinen Namen, weil beide Kontrahenten eine Rose in ihrem Wappen führen.

WER?	Richard Plantagenet, 3. Duke of York (1411–60) Edward IV. (1442–83) Richard III. (1452–85) Heinrich VII. Tudor (1457–1509)
WANN?	1455–85
WO?	England

Sowohl das **Haus York** als auch das **Haus Lancaster** sind Nebenlinien des Herrscherhauses Plantagenet. Aus diesem Grund machen beide Clans einen Anspruch auf den **Königstitel** geltend. Der **Krieg** bricht **1455** aus, als oppositionelle Adlige aus dem Hause York über das Haus Lancaster siegen, dem sie Führungsschwäche vorwerfen. Richard von York erhebt daraufhin Anspruch auf den Königstitel, fällt aber vor der Einsetzung in das Amt in der **Schlacht von Wakefield**. Sein Sohn Edward tritt sein Erbe an. Er führt die Yorkisten in der blutigen Schlacht von Towton zum Sieg. Als **Edward IV.** wird er schließlich zum König gekrönt.

Richard III.

Der Krieg läuft gut für das Haus York, auch aus weiteren Schlachten gehen sie siegreich hervor. Im Jahr **1483** stirbt Edward IV. und seine beiden minderjährigen Söhne verschwinden auf mysteriöse Weise. Den Thron besteigt deshalb **Richard III.**, Edwards Bruder. Doch auch **Heinrich Tudor** aus dem Haus Lancaster will die Macht übernehmen. 1485 besiegt er Richard III. in der Schlacht bei Bosworth Field und wird als **Heinrich VII.** neuer König von England.

AUSWIRKUNGEN

Die Häuser Lancaster und York gehen unter. Ein neues Herrschergeschlecht, die **Tudors**, entsteht. **England** erlebt unter ihnen eine **Blütezeit**.

46 Jeanne d'Arc

Am Ende des Hundertjährigen Kriegs erkämpft die „Jungfrau von Orleans“ Frankreich einen Sieg über die Engländer. Sie wird zur Heldin des Mittelalters, zur Märtyrerin und Heiligen.

WER?	Karl VII. (1403–61) Robert de Baudricourt (ca. 1400–54) Pierre Cauchon (ca. 1370–1442)
WANN?	1412–31
WO?	Frankreich

Jeanne d'Arc wird am 6. Januar 1412 in dem lothringischen Dorf Domrémy in einfache, aber keineswegs ärmliche Verhältnisse geboren. Als **Tochter eines Bauern** wird sie häuslich erzogen; sie ist gläubig, aber ungebildet. Im Alter von 13 Jahren erscheinen ihr angeblich die Heilige Katharina, der

Jeanne d'Arc

Erzengel Michael sowie die Heilige Margaretha, die sie auffordern, der **Belagerung der Stadt Orleans** durch die englischen Truppen ein Ende zu setzen. Mehrmals hat Johanna diese Erscheinungen, bis sie **1428** aufbricht, um die ihr übertragene Aufgabe zu erfüllen. Sie reist nach Vaucouleurs, um beim Kommandanten Robert de Baudricourt vorzusprechen, wird aber erst nach dem dritten Versuch vorgelassen. Auf sein

Geheiß macht sie sich kurz darauf auf den Weg nach Chinon zu **Karl VII.** und ihr gelingt das Unmögliche: Sie überzeugt den Thronerben, dass sie von Engeln gesandt ist, um Frankreich von den englischen Besatzern zu befreien. Sie sagt ihm auch voraus, dass er in Reims zum König gekrönt werden wird.

Erst nach mehreren **Prüfungen** schenkt man ihr Glauben. Für glaubwürdig befunden erhält sie die Genehmigung, mit dem französischen Heer gegen die Engländer zu kämpfen. Sie stellt sich an die **Spitze des Heeres** und führt die Franzosen gegen eine **Übermacht** bei Orleans zum **Sieg**. Bislang waren im Hundertjährigen Krieg immer die Engländer überlegen, jetzt wendet sich das Blatt. Johanna wird als **Heldin** gefeiert, ihr Ruhm und ihre Popularität im Volk erreichen ihren Höhepunkt.

Karl VII.

Karl VII. wird, wie von ihr vorhergesagt, zum König gekrönt. 1429 drängt sie den König zum **Sturm auf Paris**, um auch die letzten englischen Truppen aus Frankreich zu vertreiben. Der Angriff schlägt fehl und Karl VII. entzieht ihr daraufhin seine weitere Unterstützung. Bei Compiègne wird sie von burgundischen Soldaten nach einem Verrat gefangen genommen und gegen Lösegeld an die Engländer verkauft. In Rouen stellt man sie vor ein **geistliches Gericht**, wo sie „wegen ihres Aberglaubens, ihrer Irrlehren und anderer Verbrechen gegen die göttliche Majestät" für schuldig erklärt wird. **Lebenslange Haft** lautet das Urteil, das kurz darauf von einem weltlichen Gericht aufgrund angeblich erneuter Ketzerei in ein **Todesurteil** umgewandelt wird. Am 30. Mai **1431** stirbt Jeanne d'Arc auf dem Marktplatz von Rouen auf dem **Scheiterhaufen**. Karl VII. setzt sich zu keinem Zeitpunkt des Prozesses für sie ein.

AUSWIRKUNGEN

1456 wird der Prozess gegen Johanna auf Drängen ihrer Mutter neu aufgerollt. Das alte Urteil wird aufgehoben. Sie wird zur **Nationalheldin** von Frankreich, **1909** erfolgt ihre **Seligsprechung**. 1920 wird sie **heiliggesprochen** und zur zweiten **Patronin Frankreichs** erklärt. Am 30. Mai, dem Tag ihrer Verbrennung, wird ihrer gedacht.

47 Entdeckung Amerikas

Auf der Suche nach dem Seeweg nach Indien entdeckt der Italiener Christoph Kolumbus Amerika. Die Entdeckung der „Neuen Welt“ markiert einen Wendepunkt in der Geschichte.

WER?	Christoph Kolumbus (vermutlich 1451–1506) Amerigo Vespucci (1451–1512)
WANN?	12. Oktober 1492
WO?	Amerika

Wenn die Erde eine Kugel ist, muss es möglich sein, Indien auch über den Seeweg zu erreichen, wenn man nur weit genug nach Westen segelt. Dieser festen Überzeugung ist Kolumbus, als er an den Königshäusern vorspricht, um Geld für eine **Expedition** zu erwerben. Erst nach mehreren Absagen erhält er die **Unterstützung des spanischen Hofes**. Er rüstet drei Schiffe aus und sticht am 3. August 1492 in See, in der Hoffnung, nach 3000 Seemeilen und wenigen Wochen Indien zu erreichen. Doch seine Berechnungen sind falsch, die Reise dauert wesentlich länger, am **12. Oktober 1492** entdeckt er nicht Indien, wie er fälschlicherweise glaubt, sondern **Amerika**. Er nennt das Land Westindien, die Einwohner **Indianer**. Noch drei weitere Reisen werden ihm finanziert, das nordamerikanische Festland erreicht er dabei allerdings nie. Erst **Amerigo Vespucci** erkennt das Land 1507 als eigenen Kontinent. Ein Kartograf benennt es nach ihm „America“. Unbestritten ist heute, dass schon lange vor Kolumbus, um das Jahr 1000 herum, **Wikinger** in Amerika landeten. Doch erst mit der Entdeckung durch Kolumbus setzt die planmäßige **Eroberung und Ausbeutung** des Landes ein.

Christoph Kolumbus

AUSWIRKUNGEN

Die Herrschaft der spanischen Eroberer, der „Konquistadores“, dauert 300 Jahre. Sie plündern das Land, versklaven die Ureinwohner und **zerstören** die **Kulturen** der **Inkas** und **Azteken**.

Kolonialzeit

48

Mit den Entdeckungsfahrten der Spanier und Portugiesen beginnt Ende des 15. Jahrhunderts eine weltweite Kolonisation, die erst mit dem ausgehenden 20. Jahrhundert endet.

WER?	Christoph Kolumbus (vermutlich 1451–1506) Vasco da Gama (ca. 1469–1524)
WANN?	Ca. 1520–1999
WO?	Weltweit

Die **Entdeckungsfahrten** von Christoph Kolumbus und **Vasco da Gama** machen den Weg nach Amerika und Indien für **europäische Eroberungen** frei. Der Seeweg ermöglicht plötzlich einen Zugang zu Rohstoffen, Luxusgütern und Arbeitskräften, wie er zuvor auf dem Landweg nicht erreicht werden konnte. Der Handel mit Gold, Silber, Gewürzen, Farbstoffen, Getreide sowie Zuckerrohr macht die Kolonialherren **reich und unabhängig** von den Märkten des Orients. Der Bedarf an Arbeitskräften wird durch **Sklaven** gedeckt, die **Missionierung** der Einheimischen ist Ausdruck für „die Herrschaft der weißen Rasse".

Vasco da Gama

Der Besitz von Kolonien dient dem Ausbau der eigenen **Machtstellung**. Neben Portugal und Spanien expandieren u.a. auch die Niederlande, Frankreich, Großbritannien, Deutschland sowie Russland. Portugal und Spanien können bis in das 17. Jahrhundert ihre Stellung als Weltmacht behaupten, dann werden sie von England und Frankreich abgelöst. Bis in das 19. Jahrhundert stellen die beiden Nationen zusammen mit den Niederlanden die meisten Kolonien. Nach dem Zweiten Weltkrieg werden die Kolonien sukzessive in die **Unabhängigkeit** entlassen. Als letzte portugiesische Kolonie geht Macao 1999 an die Volksrepublik China zurück.

Auswirkungen

Bürgerkriege, v. a. in Afrika und im Nahen Osten, neue Staatenbildung, Armut und Abzug der Bildungseliten nach der Rückgabe der Kolonien sind Folgen der Kolonisation.

49 Karl V.

Er gilt als eine der bedeutendsten Herrscherpersönlichkeiten der europäischen Geschichte. Unter Karl V. erlangt die Dynastie der Habsburger weltpolitische Bedeutung. Die Liste seiner Titel ist lang, sein Reich so groß, „dass die Sonne darin niemals untergeht".

WER?	Maximilian I. (1459–1519), Franz I. (1494–1547), Heinrich VIII. (1491–1547), Martin Luther (1483–1546), Ferdinand I. (1503–64), Philipp II. (1527–98)
WANN?	1500–58
WO?	Deutschland, Österreich, Ungarn, Frankreich, Spanien, Italien, Niederlande

Schon am Tag seiner Geburt ist das **Reich**, das er einmal erben wird, **riesig**. Väterlicherseits hat er Anspruch auf die Habsburger Kaiserkrone, Burgund und die Niederlande, auf mütterlicher Seite kann er mit der Königswürde von Kastilien und Aragon rechnen. 1501 fällt das Königreich Neapel an Spanien und vergrößert den zukünftigen Besitz weiter. Als Karl sechs Jahre alt ist, stirbt sein Vater. So wird er Herrscher über Burgund, die Niederlande und Flandern, während seine Mutter offiziell zur **Königin von Spanien**, Kastilien, Neapel und Österreich ernannt wird. Karl wird mit 15 Jahren für volljährig erklärt, erbt im Alter von 16 Jahren u.a. Aragonien, herrscht aufgrund der Geisteskrankheit seiner Mutter, deren Amtsgeschäfte er mit übernimmt, aber auch über den Rest Spaniens. Nach dem Tod seines Großvaters Kaiser Maximilian I., bewerben sich außer Karl auch noch Franz I. von Frankreich, Heinrich VIII. von England sowie der Kurfürst von Sachsen um die Krone. Mit finanzieller Unterstützung der **Fugger** gewinnt Karl die Unterstützung der Kurfürsten und den **Thron**. Am 28. Juni 1519 wird er zum **König** gewählt, am 23. Oktober 1520 im Kaiserdom zu Aachen gekrönt. Zehn Jahre später verleiht ihm der Papst die **Kaiserwürde**. Karl ist der letzte Kaiser, der diese Auszeichnung erhält.

Karl V.

Seine Herrschaft ist von den **religiösen Auseinandersetzungen** im Reich geprägt, von den Kriegen gegen Frankreich ebenso wie von der Abwehr der Türken im Osten des Reiches. Insgesamt viermal, von 1521 bis 1526, kämpft Karl erfolgreich gegen Franz I. von Frankreich. Seine Siege sichern ihm die **Herrschaft in Oberitalien** und den **Niederlanden**. Während die Kämpfe um Italien noch andauern, bedrohen im Osten die Türken sein Reich. Die **osmanischen Streitkräfte** bewegen sich entlang der Mittelmeerküste. 1521 erobern die Türken Belgrad, 1526 Südungarn, 1529 stehen sie mit einer Armee vor Wien, können die Stadt aber nicht einnehmen. 1545 schließt Karl mit den **Türken** einen **Waffenstillstand**.

Das Habsburger Herrschergeschlecht

Derweil verbreiten sich im Reich die **Lehren Luthers**, die Karl vehement ablehnt. 1521 lädt er den Reformator vor den Reichstag zu Worms. Als dieser nicht von seinen ketzerischen Lehren lassen will, verhängt er die **Reichsacht** über Luther. Die **Ausbreitung des Protestantismus** kann er damit allerdings nicht verhindern. Mit dem **Augsburger Religionsfrieden 1555** wird der **Protestantismus** als **eigenständige Konfession bestätigt**, die Religionskämpfe finden damit ein Ende. Über drei Jahrzehnte trägt Karl die Kaiserkrone, bis er 1556 abdankt. Das Reich teilt er unter seinem Bruder Ferdinand I. und seinem Sohn Philipp II. auf.

AUSWIRKUNGEN

Es entwickelt sich die österreichische und spanische Linie der Habsburgerdynastie.

50 REFORMATION

Der deutsche Mönch Martin Luther leitet 1517 in Wittenberg die Reformation ein: Ein zentrales Fundament – die Einheit der Kirche – wird damit zum Einsturz gebracht.

WER?	Martin Luther (1483–1546) Johannes Calvin (1509–64)
WANN?	1517–1648
WO?	Ausgangspunkt: Wittenberg; Schweiz, Frankreich, England

Durch Abspaltung von der römisch-katholischen Kirche entsteht im Zuge der **Reformation** die protestantische Kirche. Vor allem die Auffassung Martin Luthers, dass zur Erlangung der göttlichen Gnade **keine Mittelsperson** nötig sei, führt zu einem anderen Verständnis von Amt und Kirche, als es die Katholiken für wahr halten und verbreiten. Rettung aus der Sünde werde dem Menschen außerdem nur durch **göttliche Gnade** und den **Glauben** zuteil. **Abgelehnt** wird vor allem die **Unfehlbarkeit des Papstes**, der Gehorsam gegenüber kirchlichen Würdenträgern und die **Heiligenverehrung**. Für die Protestanten ist die höchste Instanz in Glaubensfragen die Bibel. Dass Martin Luther seine **95 Thesen**, in denen er die **Kritik** an den kirchlichen Zuständen seiner Zeit formuliert, an die Tür der Schlosskirche von Wittenberg nagelt, ist vermutlich eine Legende. Er sorgt jedoch für die Verbreitung der Thesen und trifft damit den Nerv der Zeit. Die Entwicklung endet mit dem **Westfälischen Frieden 1648**.

Martin Luther

AUSWIRKUNGEN

Zur evangelischen Kirche zählen heute Lutheraner, Reformierte, Anglikaner, Täufer, Pfingstler und ein Teil der Freikirchen. Die Lutherischen, Reformierten und Unierten Landeskirchen sind zur „**Evangelischen Kirche in Deutschland**“ (EKD) zusammengeschlossen.

Bauernkriege

51

Aus regional begrenzten Unruhen und Aufständen entsteht eine Massenbewegung, die weite Teile des südlichen deutschsprachigen Raums erfasst.

WER?	Martin Luther (1483–1546) Thomas Müntzer (ca. 1489–1525)
WANN?	1524–25
WO?	Süddeutschland, Österreich, Schweiz

Schon seit dem 15. Jahrhundert schwelt es unter den Bauern. Die Ausweitung von obrigkeitlichen Herrschaftsrechten, Leibeigenschaft und höhere Abgaben führen zu regionalen Aufständen wie der **Bundschuh-Bewegung**. Doch erst im Juli 1524 wird daraus ein Massenphänomen. Die **Aufstände** nehmen ihren Anfang in Stühlingen im Schwarzwald, breiten sich dann aber schnell über ganz Süddeutschland (bis auf Bayern) aus. Die Bauern berufen sich dabei auf das *Alte Recht*, nehmen aber auch die Schriften Martin Luthers zum Anlass, mehr **Freiheiten** zu **fordern**. In zwölf Artikeln formulieren sie ihre Forderungen und Beschwerden, die per Flugblatt in ganz Deutschland verbreitet werden. Aus Unruhen entstehen **kriegerische Bauernzüge**, Klöster und Burgen werden zerstört. Den Bauerntruppen mangelt es an einheitlicher Führung, schnell werden sie von den besser ausgerüsteten, organisierten und zahlenmäßig **überlegenen Fürstenheeren** besiegt. Die bedeutendste Schlacht findet bei Frankenhausen am 15. Mai 1525 statt. Die Bauern unter Führung von **Thomas Müntzer** werden vernichtend geschlagen, er selbst wird gefangen genommen, gefoltert und am 27. Mai enthauptet.

Der Bauernkrieg

Auswirkungen

Viele **Bauern** büßen ihre angestammten Rechte ein. Über Jahrhunderte spielen sie **politisch keine Rolle** mehr. Zerstörte Burgen werden nicht wieder aufgebaut und zerfallen.

52 HEXENVERFOLGUNG

Angeblich im Pakt mit dem Teufel, werden „Hexen" für Missernten und Unglücke aller Art verantwortlich gemacht. Für die Kirche sind sie Abtrünnige, die der Ketzerei angeklagt werden müssen.

WER?	Innozenz VIII. (1432–92) Heinrich Institoris (ca. 1430–1505)
WANN?	1450–1750
WO?	Europa

Der Glaube an Hexen existiert durch alle Zeiten. Doch erst im **Mittelalter** verbindet sich der Dämonenglaube mit einer **religiösen Komponente**. Angebliche Hexen werden zu Ketzerinnen erklärt, mit dem Tod bestraft und enden meist auf dem Scheiterhaufen. Die Hexenverfolgung steigert sich bis zum 15. und 16. Jahrhundert zu einem regelrechten Wahn. Mit verantwortlich dafür ist die ***Hexenbulle*** von **1484**, in der Papst **Innozenz VIII.** die Bestrafung und Inquisition der Hexen fordert. In dem drei Jahre später erscheinenden ***Hexenhammer*** fasst der Dominikaner **Heinrich Institoris** die wichtigsten Merkmale der Hexerei zusammen und gibt Anleitungen an die Strafrichter, wie in **Hexenprozessen** zu verfahren ist.

Eine offizielle Anklage muss gegen die Beschuldigten nicht mehr erhoben werden, die **Denunziation** allein genügt. **Folter** sowie **Hexenproben** zur Ermittlung der „Wahrheit" entwickeln sich zur gängigen Praxis. Ihren Höhepunkt erreicht die Verfolgung 1570 bis 1590, in Mitteleuropa dann im **Dreißigjährigen Krieg**. Fast 50.000 Menschen werden hingerichtet, 80 Prozent sind **Frauen**.

Hexenverbrennung

AUSWIRKUNGEN

Die Dominikaner erklären ihre Beteiligung an der Inquisition erst im Jahr 2000 öffentlich als Fehler. Die Ausübung von Magie gilt in der Rechtsprechung nicht mehr als Delikt.

ACHTZIGJÄHRIGER KRIEG

53

Der Kampf der Niederländer gegen die spanische Fremdherrschaft mündet in die Unabhängigkeitserklärung der nördlichen Provinzen der Niederlande.

WER?	Philipp II. (1527–98); 3. Herzog von Alba (1507–82); Wilhelm von Nassau-Dillenburg, Wilhelm I. von Oranien (1533–84); Lamoral Graf von Egmond (1522–68); Graf von Hoorn (1526–68)
WANN?	1568–1648
WO?	Niederlande

Wilhelm I. von Oranien

Der zunehmende politische und **wirtschaftliche Druck**, den Philipp II. von Spanien auf die Niederlande ausübt, führt zu ersten **Aufständen**. Hinzu kommen die Unterdrückung und **Verfolgung der Protestanten**, die vor allem in den nördlichen, überwiegend calvinistischen Provinzen auf massiven **Widerstand** stoßen. Philipp II. entsendet Truppen, die unter der Führung von **Herzog Alba** den Aufstand niederschlagen sollen. Die Hinrichtung zweier maßgeblicher Führer des Aufstandes, Egmond und Hoorn, führt zum **Ausbruch des Krieges**. 1579 schließen sich sieben niederländische Provinzen zur Union von Utrecht zusammen, **Wilhelm von Oranien** wird ihr Statthalter. 1581 erklärt die Union ihre Unabhängigkeit von Spanien und gründet **1587** die Republik der Vereinigten Niederlande. Die südlichen Provinzen bleiben weiterhin der spanischen Krone unterstellt (Spanische Niederlande). Am 15. Mai **1648** findet die **Unabhängigkeit der Vereinigten Provinzen der Niederlande** durch den Westfälischen Frieden die förmliche Anerkennung.

AUSWIRKUNGEN

Der **Wiener Kongress** vereint 1814/15 die nördlichen und südlichen Provinzen zum Königreich der Vereinigten Niederlande. 1830 wird der Süden selbstständig, der neue Staat heißt **Belgien**.

54 Elisabeth I.

Die „jungfräuliche Königin“ erneuert die anglikanische Kirche, führt England zu politischer Macht und sorgt neben wirtschaftlichem auch für kulturellen Aufschwung. Die Epoche wird nach ihr Elisabethanisches Zeitalter genannt.

WER?	Heinrich VIII. (1491–1547); Anne Boleyn (1501 oder 1507–36); Katherine Parr (1512–48); Eduard VI. (1537–53); Maria I. Tudor (1516–58); Maria Stuart (1542–87); Jakob VI., Jakob I. (1566–1625)
WANN?	1533–1603
WO?	England

Elisabeth I.

Elisabeth wird am 7. September 1533 geboren. Sie ist die Tochter von Heinrich VIII. und **Anne Boleyn**, seiner zweiten Ehefrau. Doch der König ist enttäuscht über das Mädchen, hoffte er doch sehnlichst auf einen Thronfolger. Heinrich lässt die Ehe annullieren und Anne Boleyn **hinrichten**. Elisabeth wird von der Thronfolge ausgeschlossen, aufgrund eines **Parlamentsbeschlusses** rückt sie später jedoch an die dritte Stelle. Nach dem Tod von Heinrich VIII. besteigt zuerst Eduard VI. und nach dessen Tod Maria I. den Thron.

Maria, auch „die Katholische“ oder „die Blutige“ genannt, weil sie mit Gewalt versucht, den **Katholizismus** wieder in England einzuführen, lässt Elisabeth in ein Verließ werfen. Sie kommt zwar bald

Maria Stuart

wieder frei, da ihr eine Beteiligung am Komplott gegen Maria nicht nachgewiesen werden kann, wird allerdings unter **Hausarrest** gestellt. Die Ehe von Maria mit dem spanischen Kronprinzen bleibt kinderlos. Als sie stirbt, wird Elisabeth die neue **Königin von England und Irland**. Die Krönung findet am 15. Januar **1559** in der Westminster Abbey statt. Die Engländer bejubeln ihre protestantische Herrscherin. Für die Katholiken und den spanischen und französischen Hof bleibt sie der Bastard ohne legitimen Anspruch auf den Thron. Dieser wird stattdessen ihrer Cousine **Maria Stuart** zugesprochen.

Zu Beginn ihrer Herrschaft erneuert Elisabeth die anglikanische Kirche. Sie beendet den Krieg mit Frankreich, verkleinert den Staatsrat, genehmigt dem Parlament mehr **Freiheiten**, lindert aber auch die soziale Not im Land. England steigt nach dem Sieg über die spanische Armada zur **Seemacht** auf. Der Erwerb der ersten Kolonien in Nordamerika sowie die Gründung der Ostindischen Kompanie markieren den **Aufstieg zur Weltmacht**.

Elisabeths Regentschaft ist immer wieder von **Verschwörungen** bedroht oder den Forderungen nach einer Heirat. Den zahlreichen männlichen Bewerbern gibt sie einen Korb, bleibt trotz Druck **unverheiratet und kinderlos**. Sie erhält den Beinamen „die jungfräuliche Königin“, die erste Kolonie Englands wird nach ihr „Virgin Islands“ benannt. Auch den Machtkampf mit Maria Stuart entscheidet sie für sich. Als die schottische Königin in England Schutz sucht, nimmt Elisabeth sie gefangen. Fast zwanzig Jahre bleibt Maria in Gefangenschaft, bis sie 1587 **hingerichtet** wird. Elisabeth stirbt im Alter von 69 Jahren kinderlos als **populäre Herrscherin**.

AUSWIRKUNGEN

Ihr Nachfolger wird **Jakob VI.**, König von Schottland. Der **Sohn von Maria Stuart** nennt sich nach der Krönung Jakob I. von England und Schottland. Damit beginnt die Regentschaft der Stuarts in England. Das Land entwickelt sich zur **Weltmacht**.

55 NIEDERLAGE DER SPANISCHEN ARMADA

Der spanische König Philipp II. rüstet zum Krieg gegen England. Ziel ist die Vorherrschaft zur See. Doch die spanische Armada erleidet eine bittere Niederlage, schwere Stürme vernichten den Rest der Flotte.

WER?	Philipp II. (1527–98), Elisabeth I. (1533–1603), Großadmiral Herzog von Medina Sidonia (1550–1615)
WANN?	1588
WO?	Ärmelkanal, Seegebiete um Schottland und Irland

Die spanische Armada

Das Verhältnis zwischen England und Spanien ist angespannt. So unterstützen englische Seeleute den Kampf der Niederländer um Unabhängigkeit oder kapern spanische Handelsschiffe. Auch in religiösen Angelegenheiten gibt es Streit. Elisabeth I. hält, anders als Philipp II., nichts vom Katholizismus. Spanien rüstet seine Truppen: Im Mai läuft die **Armada** mit 130 Schiffen, 2500 Kanonen und 27.000 Soldaten von Lissabon aus. Vor **Calais** trifft sie auf die wesentlich wendigeren **englischen Schiffe**, wird ausmanövriert und erleidet kleinere Verluste. Der Rückzug in den Hafen währt nicht lange. Die Engländer setzen „Brander" ein, unbemannte brennende Schiffe; die Spanier müssen fliehen. Ungünstige Winde verhindern die weitere Invasion in England, der Rückweg durch den Kanal gegen den Sturm ist nicht möglich. Stattdessen entscheidet sich Großadmiral Herzog von Medina Sidonia für die Nordroute um Schottland und Irland herum. Ein verhängnisvoller Entschluss: **Schwere Stürme** sowie schlechtes Kartenmaterial treiben die Schiffe an die Küste, wo sie **zerschellen und sinken**. Spanien büßt an die 64 Schiffe und 12.000 Soldaten ein, viele davon aufgrund der Naturgewalten.

AUSWIRKUNGEN

Spanien verliert die Vorherrschaft in Europa und zur See. **England** steigt zur **Seemacht** auf.

DREISSIGJÄHRIGER KRIEG 56

Der Krieg kostet mehr als 40 Prozent der Bevölkerung das Leben. Söldnerheere hinterlassen Verwüstungen vorher nie gekannten Ausmaßes, Hungersnöte und die Pest verbreiten ihren Schrecken.

WER?	Johann t'Serclaes Graf von Tilly (1559–1632) Wallenstein (1583–1634)
WANN?	1618–48
WO?	Heiliges Römisches Reich

Die Konfessionen sind gespalten: in die **protestantische Union** und die **katholische Liga**. Auslöser für den Krieg ist der „Zweite Prager Fenstersturz". Aufgebrachte Protestanten stürmen die Burg. Sie werfen die **kaiserlichen Räte** aus dem Fenster, weil ihnen die Religionsfreiheit entzogen werden soll. In die zunächst begrenzten Kämpfe greifen im Verlauf des Krieges weitere europäische Mächte ein. Vier Phasen sind zu unterscheiden: Der **Böhmisch-Pfälzische Krieg** (1618–23), der **Niedersächsisch-Dänische Krieg** (1625–29), der **Schwedische Krieg** (1630–35) und der **Schwedisch-Französische Krieg** (1635–48). Das Liga-Heer unter der Führung von **Tilly** besiegt die Böhmen, das Land wird zwangsweise katholisch. Als das protestantische Dänemark in den Krieg eingreift, muss es nicht nur gegen die Liga kämpfen, sondern auch gegen das kaiserliche Heer unter der Führung **Wallensteins**. Der **„Frieden von Lübeck"** besiegelt die Niederlage Dänemarks endgültig. Mit dem Eingreifen Schwedens und Frankreichs gewinnen Machtbestrebungen an Bedeutung. Schweden hofft auf ein Reich um die Ostsee, Frankreich will die Stellung Habsburgs schwächen. Erst mit dem **Westfälischen Frieden** findet der Krieg sein Ende.

Wallenstein

AUSWIRKUNGEN

Der Augsburger Religionsfriede wird wieder in Kraft gesetzt. Der Kaiser verliert seine Macht, das **Reich zerfällt** in **selbstständige Territorien**.

57 Zeitalter des Absolutismus

Nach dem Ende des Dreißigjährigen Krieges ändern sich fast überall in Europa die Herrschaftsstrukturen. Der absolute Machtanspruch der Könige ist das herausragende Merkmal der Zeit.

WER?	Jean Bodin (1529–96) Ludwig XIV. (1638–1715)
WANN?	1648–1789
WO?	Europa

Im **Absolutismus** hat der Herrscher alle Gewalt inne. Er erlässt Gesetze, spricht Recht und verfügt über die Befehlsgewalt des Militärs. Seine Herrschaftsrechte leiten sich direkt von Gott ab, werden u.a. aber auch durch die theoretischen Schriften des französischen Staatsrechtlers **Jean Bodin** untermauert. Die Stände verlieren an Macht, ihre Beteiligung an der Lenkung des Staates ist ausgeschaltet. Den **Höhepunkt** des Absolutismus erlebt Frankreich unter dem **„Sonnenkönig“ Ludwig XIV.** Die Durchsetzung seiner Machtansprüche erfordert neben einer **zentralistischen Verwaltung** die staatliche Lenkung der Wirtschaft (Merkantilismus) sowie ein stehendes Heer. Der Ausspruch, „Der Staat bin ich“, der ihm nachgesagt wird, formuliert treffend das Selbstverständnis eines absolutistischen Herrschers. Dem Glanz seines Hofes eifern die anderen europäischen Regenten nach. Während sich der Absolutismus in England nie ganz durchsetzen kann, erlebt die Staatsform in Spanien bereits im 16. Jahrhundert ihren Höhepunkt. Zwei Jahrhunderte später entwickelt sich u.a. in Preußen, Österreich und Russland der **„aufgeklärte Absolutismus“** mit dem Herrscher als „ersten Diener des Staates“.

Ludwig XIV.

Auswirkungen

In Frankreich endet der Absolutismus mit der Revolution, in weiten Teilen Europas wird er durch die **konstitutionelle Monarchie** ersetzt.

Spanischer Erbfolgekrieg 58

Mit dem Tod des letzten spanischen Habsburgers, Karl II., droht das Gleichgewicht der Mächte in Europa zu kippen. England und Frankreich kämpfen im ersten großen See- und Kolonialkrieg um die Macht.

WER?	Karl II. (1661–1700); Philipp von Anjou, Philipp V. (1683–1746); Ludwig XIV. (1638–1715); Wilhelm III. von Oranien-Nassau (1650–1702); Karl VI. (1685–1740)
WANN?	1701–14
WO?	Europa, Übersee

Karl II.

Schon vor seinem Tod bestimmt Karl II. **Philipp von Anjou**, einen Enkel Ludwigs XIV., zum Thronerben. Damit könnte ein **Großreich Frankreich-Spanien** entstehen und das ganze Festland beherrschen. Unter der Führung von Wilhelm III. von Oranien verbünden sich die Seemächte mit dem Kaiser und den Niederlanden zur **„Großen Allianz“**. Ihr Ziel ist die **Wahrung des Gleichgewichts** der Mächte in Europa, auch sollen die englischen Interessen in Übersee verteidigt werden. Gekämpft wird fast überall in Europa. Nach der **Besetzung von Gibraltar** durch die Engländer verlagert sich das Kriegsgeschehen auch auf die Meere und die Kolonien. Den **Wendepunkt** im Krieg markiert 1711 die Nachfolge von **Karl VI.** auf den Kaiserthron. Das nährt die Befürchtungen der Seemächte vor einer neuen Machtkonzentration unter Habsburger Führung. **England und Frankreich** treten in Geheimverhandlungen und erarbeiten einen **Friedensvertrag**. 1713 findet der Krieg mit dem **Vertrag von Utrecht** ein Ende. Der Kaiser tritt dem Frieden 1714 bei.

AUSWIRKUNGEN

Gibraltar, Menorca sowie der französische Kolonialbesitz in Übersee fallen an England. Philipp bleibt unter der Bedingung, dass kein Zusammenschluss mit Frankreich stattfindet, spanischer König.

59 Amerikanischer Unabhängigkeitskrieg

13 Kolonien in Nordamerika erkämpfen sich ihre Unabhängigkeit vom britischen Mutterland. Die Vereinigten Staaten von Amerika entstehen.

WER?	George Washington (1732–99); Friedrich Wilhelm von Steuben, Baron Steuben (1730–94)
WANN?	1775–83
WO?	Nordamerika

George Washington

Die Spannungen zwischen den Kolonien und dem Mutterland sind groß. Die Beziehung verschlechtert sich weiter, als das **hoch verschuldete England** zusätzliche Steuern zur Staatsfinanzierung erhebt. In der **„Boston Tea Party" 1773** entlädt sich der Zorn der Kolonisten, als verkleidete Bostoner die Teeladungen der britischen Company über Bord werfen. Ein **Einigungsversuch** mit dem Mutterland auf dem „Ersten Kontinentalkongress" 1774 **scheitert**. Die englische Regierung erklärt die Nordamerikaner zu Rebellen. Im Frühjahr 1775 kommt es bei Lexington zu ersten Gefechten. Unter der Führung von **George Washington** vertreiben die Kolonisten die Briten aus Boston. Auch bei Saratoga unterliegen die Engländer. Am **4. Juli 1776** erklären die 13 Kolonien einseitig ihre **Unabhängigkeit**. Unterstützung erhalten die Nordamerikaner von Spanien, Frankreich und den Niederlanden. Auch der preußische **Offizier Friedrich Wilhelm von Steuben** trägt entscheidend zum Sieg der Amerikaner bei, indem er das Aufständischenheer erfolgreich reorganisiert. 1781 kapitulieren die britischen Truppen in der Schlacht von Yorktown. England erkennt im Frieden von Paris **1783** die **Unabhängigkeit der Kolonien** an. Den „United States of America" fällt der gesamte Kontinentalbesitz Englands außer Kanada und Florida zu.

Auswirkungen

1787 gibt sich der neue Staat eine **eigene Verfassung**. Im April 1789 wird **George Washington erster Präsidenten**, der Vereinigten Staaten.

Unabhängigkeitserklärung der Vereinigten Staaten 60

13 von 16 britischen Kolonien erklären ihre Loslösung von Großbritannien. Die von ihnen formulierten Grundrechte werden zum Glaubensbekenntnis der amerikanischen Republik.

WER?	Thomas Jefferson (1743–1826)
WANN?	4. Juli 1776
WO?	Vereinigte Staaten von Amerika

Auf dem Zweiten Kontinentalkongress wird die ***Declaration of Independence*** am 4. Juli 1776 formal beschlossen. Dem Beschluss vorausgegangen sind einige Änderungen: Es wird z.B. das Verbot der Sklaverei gestrichen. Ein Vorbereitungskomitee aus fünf Personen war für die Ausarbeitung verantwortlich, unter ihnen **Thomas Jefferson**, dem die Verfassung maßgeblich zugeschrieben wird. Die älteste noch heute gültige Verfassung der Welt gliedert sich in **drei Teile**. Der erste Abschnitt nimmt Bezug auf die **unveräußerlichen Menschenrechte**, die jedes Individuum besitzt. Daraus abgeleitet wird das Recht eines Volkes, eine alte Regierungsform durch eine neue zu ersetzen. Im zweiten Teil werden konkrete Handlungen der Briten beschrieben, die zum Bruch mit den Kolonien geführt haben. Die Schlussfolgerung, dass eine Ablösung vom Mutterland und die Gründung eines unabhängigen Staates deshalb unumgänglich ist, findet sich im letzten Abschnitt.

Thomas Jefferson

In Philadelphia unterzeichnen die **Gründerstaaten** New Hampshire, Massachusetts, Connecticut, Rhode Island, New Yersey, Maryland, Delaware, New York, Pennsylvania, Virginia, North Carolina, South Carolina und Georgia die Erklärung.

AUSWIRKUNGEN

Die formulierten **Grundsätze von Freiheit und Gleichheit** prägen die Geschichte der USA bis heute. Der **4. Juli**, der **Independence Day**, ist Nationalfeiertag in den USA.

61 Französische Revolution

Die erste bürgerliche Revolution führt zum Ende des Absolutismus. Zehn Jahre bedeuten nicht nur für Frankreich, sondern für das gesamte Europa einschneidende Veränderungen.

WER?	Ludwig XVI. (1754–93), Maximilien Robespierre (1758–94), Napoleon Bonaparte (1769–1821)
WANN?	1789–99
WO?	Frankreich und Europa

Der König ist ein absolutistischer Herrscher, die Gesellschaft in **drei Stände** aufgeteilt: **Klerus**, **Adel** und das einfache **Volk**. Die meisten Bürger müssen Steuern zahlen, sind aber durch ihre Geburt von bestimmten gesellschaftlichen Positionen oder Rechten ausgeschlossen. 1789 kommt es zu einer Versammlung der drei Stände. Doch schon der Abstimmungsmodus führt aufgrund der zugeteilten Stimmenanzahl zum Streit, denn zum ersten Mal hätte der dritte Stand, das Volk, die gleiche Anzahl Stimmen, wie die beiden anderen Stände zusammen. Das Volk gründet die **Nationalversammlung**. König Ludwig XVI. erkennt diese zwar an, lässt aber gleichzeitig Truppen in Paris Stellung beziehen. Die **Bastille** wird gestürmt. 1791 wird das Nationalkonvent gewählt, in dem sich die Lager der Girondisten und der Jacobiner unter Robespierre gegenüberstehen. Der Nationalkonvent ruft die Republik aus und lässt den **König hinrichten**. Eine Zeit des Schreckens bricht an, geprägt von **Massenhinrichtungen** unter der Guillotine, denen auch Robespierre zum Opfer fällt. Im August 1795 tritt eine neue Verfassung in Kraft, das „Direktorium" wird gewählt. **1799 stürzt Napoleon** das Direktorium und beendet die Französische Revolution.

Sturm auf die Bastille

AUSWIRKUNGEN

Die Französische Revolution gilt als **Grundlage** dafür, dass sich in ganz Europa **demokratische Systeme** bilden und etablieren konnten.

62 Schlacht von Trafalgar

Die britische Flotte unter Admiral Nelson siegt über die französisch-spanische Armada. England sichert sich durch diesen Erfolg für mehr als ein Jahrhundert die Vorherrschaft auf See.

WER?	Horatio Nelson (1758–1805), Napoleon Bonaparte (1769–1821), Pierre-Charles-Jean-Baptiste-Silvestre de Villeneuve (1763–1806)
WANN?	21. Oktober 1805
WO?	Kap Trafalgar, Südspanien

Die **Schlacht von Trafalgar** ist Teil des dritten Koalitionskrieges. In den insgesamt **sechs Koalitionskriegen** bilden sich verschiedene Bündnisse europäischer Staaten gegen Frankreich und Napoleon. Sein Plan ist eine **Invasion** auf den britischen Inseln. Er erteilt seinem **Vizeadmiral Villeneuve** den Auftrag, die britische Flotte aus den europäischen Gewässern herauszulocken. Der **Plan scheitert** und Villeneuve zieht sich in den Hafen von Cadiz zurück. Die britische Flotte errichtet vor dem Hafen eine **Blockade**. Napoleon, inzwischen erzürnt über den Kriegsverlauf und seinen Flottenführer, befiehlt den Ausbruch aus dem Hafen. Dabei wird die französisch-spanische Armada von der Royal Navy gekapert. **Nelson** durchbricht die feindliche Schiffslinie mit seiner Flotte an zwei Stellen und verwickelt den Gegner in **Nahkämpfe**. Trotz zahlenmäßiger Unterlegenheit siegt Nelsons Flotte. Er selbst wird im Kampf durch eine Kugel tödlich verletzt und stirbt kurz nach der Schlacht. Die Briten verlieren von ihren 27 Schiffen kein einziges, Frankreich und Spanien hingegen 20 von 33.

Schlacht bei Trafalgar

Auswirkungen

Spanien spielt nach der **Niederlage** keine Rolle mehr als Seemacht. Die Ära der großen Seeschlachten mit Segelschiffen endet mit der Schlacht von Trafalgar. Napoleon gibt seine Invasionspläne für England auf.

63 Napoleon Bonaparte

Der Sohn eines korsischen Kleinadligen macht in der Armee schnell Karriere. Mit einem Staatsstreich übernimmt er die Macht in Frankreich.

WER?	Joséphine de Beauharnais (1763–1814) Alexander I. Pawlowitsch Romanow (1777–1825)
WANN?	1769–1821
WO?	Westeuropa

Napoleon Bonaparte wird am 15. August 1769 in Ajaccio, Korsika geboren. Der zweitgeborene Sohn soll eine **Militärausbildung** erhalten. Er besucht die Militärschulen in Paris und Brienne, wo er aufgrund guter Leistungen die Ausbildung vorzeitig beenden kann. 1785 erhält er sein Offizierspatent. In der Armee steigt er schnell auf. 1795 schlägt er im Auftrag des Konvents den royalistischen Aufstand in Paris nieder, wird zum Divisionsgeneral ernannt und kurz darauf zum **Oberbefehlshaber** im Inneren.

Napoleon Bonaparte

Napoleon heiratet 1796 Joséphine Beauharnais, gewinnt dadurch Zugang zu einflussreichen Kreisen und kann seine gesellschaftliche wie **politische Stellung festigen**. Zwei Tage nach seiner Hochzeit übernimmt er den Oberbefehl über das **Italienheer**. Der Feldzug gerät zum Triumph. Napoleon wird von der Bevölkerung begeistert gefeiert, vom herrschenden Direktorium wird seine Eigenwilligkeit und Popularität dagegen mit **Argwohn** betrachtet. Zu Recht: Denn schon kurz nach seinem **wenig erfolgreichen Ägyptenfeldzug** kehrt er nach Frankreich zurück und **stürzt 1799 das Direktorium**. 1802 wird er **Konsul** auf Lebenszeit. Seine **Alleinherrschaft** gipfelt 1804 in seiner **Selbstkrönung** zum erblichen „Kaiser der Franzosen".

Sein **Hunger nach Macht** ist damit noch lange nicht gestillt. Er führt siegreiche Feldzüge in Deutschland, errichtet eine Kontinentalsperre gegen England und geht im Frieden von Tilsit eine Allianz mit Zar Alexander I. ein. Er führt von 1807 bis 1812 weitere Kriege gegen die europäischen Mächte, um seinen Hegemonieanspruch durchzusetzen

(Napoleonische Kriege). Doch die Erfolge bleiben zunehmend aus oder müssen teuer bezahlt werden. England hatte sich bereits erfolgreich der Eroberung durch Napoleon widersetzt, jetzt kämpfen auch die Spanier für ihre Unabhängigkeit von Frankreich. Der für den Kaiser verlustreiche Kleinkrieg führt dazu, dass sich außer Preußen auch Österreich gegen ihn erhebt. Als Russland Napoleon die Unterstützung für den Boykott gegen

Schlacht bei Waterloo

England entzieht, marschiert das **napoleonische Heer 1812 gegen Moskau**. Der Feldzug gerät für Frankreich zum **Fiasko**. Auch in den **Befreiungskriegen** gegen eine Koalition aus England, Russland, Österreich, Preußen und Schweden unterliegt er. Die **Völkerschlacht bei Leipzig** beschert ihm 1813 eine weitere bittere Niederlage. Paris wird eingenommen, Napoleon muss abdanken und geht nach Elba ins **Exil**. Doch Napoleon gibt noch nicht auf. Mit seiner Rückkehr von Elba beginnt die „Herrschaft der Hundert Tage". Bei **Waterloo** wird er **endgültig besiegt** und nach Sankt Helena (Südatlantik) in die Verbannung geschickt, wo er auch stirbt.

AUSWIRKUNGEN

Auf dem **Wiener Kongress** 1814/15 wird eine **territoriale Neuordnung Europas** beschlossen. Viele durch die **Eroberungskriege** Napoleons verursachten Veränderungen werden dort wieder rückgängig gemacht. Der deutsche Bund wird gegründet.

64 KARLSBADER BESCHLÜSSE

Ein politischer Mord dient als Rechtfertigung für die Einschränkung der Freiheit. Mit den Karlsbader Beschlüssen werden nationale und liberale Tendenzen in Deutschland gestoppt.

WER?	August Friedrich Ferdinand von Kotzebue (1761–1819) Karl Ludwig Sand (1795–1820) Klemens Wenzel Lothar Graf von Metternich-Winneburg zu Beilstein (1773–1859)
WANN?	1819
WO?	Deutschland

Als der Schriftsteller August Kotzebue im Frühjahr 1819 durch den radikalen Burschenschafter **Karl Ludwig Sand** hingerichtet wird, nimmt **Fürst von Metternich** diesen Mord zum Anlass, **schärfere Gesetze** zu fordern. Vom 6. bis 13. August finden **geheime Ministerkonferenzen** in Karlsbad statt, auf denen unter Metternichs Leitung **vier Beschlüsse** ausgearbeitet werden. Teilnehmer sind die zehn Bundesstaaten Österreich, Preußen, Bayern, Sachsen, Hannover, Württemberg, Baden, die beiden Mecklenburg und Nassau. Bereits im September 1819 werden die Beschlüsse von der **Bundesversammlung** in Frankfurt einstimmig angenommen. Die Exekutionsordnung regelt die Voraussetzungen für das Eingreifen des Bundes bei Unruhen, das Universitätsgesetz hat die Überwachung der Universitäten, Lehrverbote sowie das Verbot der Burschenschaften zum Inhalt. Mit dem „Preßgesetz" (Pressegesetz) wird die **Zensur** eingeführt. Das Untersuchungsgesetz schließlich macht den Weg frei zur Verfolgung Andersdenkender, dafür wird eine **Zentraluntersuchungskommission** in Mainz eingerichtet.

August Friedrich Ferdinand von Kotzebue

AUSWIRKUNGEN

Die **Karlsbader Beschlüsse** gelten bis 1848. Sie sind Auslöser für die **Demagogenverfolgung**.

KOMMUNISTISCHES MANIFEST 65

„Ein Gespenst geht um in Europa – das Gespenst des Kommunismus." So beginnt eine der bedeutendsten politischen Schriften, die erstmals 1848 in London veröffentlicht wird.

WER?	Karl Heinrich Marx (1818–83) Friedrich Engels (1820–95)
WANN?	1847
WO?	Deutschland, Verbreitung weltweit

Karl Marx

Das Manifest entsteht im Auftrag des **Bundes der Kommunisten**. Der erste Entwurf wird im Juni 1847 an die Bundesmitglieder verschickt, findet aber nicht deren Zustimmung. **Friedrich Engels** arbeitet daraufhin die *Grundsätze des Kommunismus* in das Dokument mit ein. Zusammen mit **Karl Marx** legt er auf dem zweiten Kongress, der vom 29. November bis 8. Dezember 1847 stattfindet, ein Konzept für das Manifest vor. Sie werden mit der **genauen Ausarbeitung** beauftragt.

Ende Januar 1848 wird der Text in London, der Zentrale des Bundes der Kommunisten, in deutscher Sprache gedruckt. Nach Deutschland zurückkehrende Bundesmitglieder, aber auch wandernde Handwerksgesellen, sorgen für eine schnelle Verbreitung des Manifests. Noch im selben Jahr erscheinen neue Auflagen. Das ca. 30 Seiten starke Manifest gliedert sich in vier Kapitel. In ihm ist die **radikale Kritik** an der bürgerlichen Gesellschafts- und Wirtschaftsordnung formuliert, sowie der Aufruf an das internationale Proletariat zum **Klassenkampf**: „Proletarier aller Länder, vereinigt euch!" Ziel ist die **Überwindung der herrschenden Klassen** und der Aufbau einer **klassenlosen Gesellschaft**.

Das Kapital.

Kritik der politischen Oekonomie.

Von

Karl Marx.

Erster Band.

Buch I: Der Produktionsprocess des Kapitals.

Hamburg

Verlag von Otto Meissner.

1867.

New-York: L. W. Schmidt. 24 Barclay-Street.

Titelblatt der Originalausgabe von 1867

AUSWIRKUNGEN

Das Kommunistische Manifest gilt heute als eine der **wichtigsten politischen Schriften** seit der Französischen Revolution. Es ist in fast allen Sprachen erschienen und weltweit verbreitet.

66 Kalifornischer Goldrausch

Der Fund kleiner Goldnuggets in Kalifornien zieht eine Invasion von Abenteurern, Arbeitern und ihren Familien nach sich. Die wenigsten allerdings werden reich.

WER?	James Wilson Marshall (1810–85) James Knox Polk (1795–1849)
WANN?	1848–54
WO?	USA, Kalifornien

Beim Bau einer Sägemühle nahe Sacramento entdeckt der Arbeiter **James Wilson Marshall** kleine Goldstücke. Die Nachricht von dem Fund sickert durch, die Zeitungen berichten über das Gold. Als der amerikanische **Präsident Polk** den Fund bestätigt, machen sich **Hunderttausende** auf den Weg an die Westküste. 1849 erreichen der **Goldrausch** und die Zahl der Einwanderungen den Höhepunkt. Während in den Goldgebieten die Städte explosionsartig anwachsen, hat die Abwanderung der Goldsucher in anderen Landesteilen **negative wirtschaftliche Folgen**, da Arbeitskräfte fehlen. Allein San Francisco wächst von Januar 1848 bis Dezember 1849 von 1000 auf 25.000 Einwohnern an. Doch für die wenigsten Menschen erfüllt sich der Traum vom großen Reichtum. Oft sind die Ansprüche bereits abgesteckt, als die Forty-Niners, so benannt nach dem Jahr ihrer Ankunft, die Fundgebiete erreichen. Auch sind die Preise in den **Goldgräberstädten** drastisch angestiegen, Glücksspiel und Prostituierte sorgen dafür, dass die Gewinne schnell wieder ausgegeben werden. Vor allem die Händler profitieren davon. **Bergbaugesellschaften**, die dank verbesserter Technik Gold im großen Stil abbauen können, verdrängen nach und nach die traditionellen privaten Goldsucher.

Goldnuggets

AUSWIRKUNGEN

Aufgrund seines enormen Bevölkerungswachstums wird **Kalifornien** am 3. September **1850** der **31. Bundesstaat** der USA. Ein Großteil der indianischen Bevölkerung stirbt an eingeschleppten Krankheiten.

Deutsche Revolution 1848/49

67

Die Revolution von 1848, wegen ihres Beginns auch Märzrevolution genannt, wird vom liberalen Bürgertum und den Arbeitern getragen. Ziel ist ein national geeinter deutscher Staat mit einer freiheitlichen Verfassung.

WER?	Friedrich Wilhelm IV. (1795–1861)
WANN?	1848-49
WO?	Deutscher Bund, später auch Böhmen, Ungarn, Polen, Italien

Jubelnde Revolutionäre 1848 in Berlin

Im Februar 1848 kommt es in Frankreich zu Unruhen. Der **König muss abdanken**, die Aufständischen rufen die Republik aus. Die Nachricht von diesen Ereignissen verbreitet sich wie ein Lauffeuer. Die **deutsche Revolution** beginnt im Großherzogtum Baden und greift von dort auf die anderen Staaten im Bund über. In den Zentren Wien und Berlin kommt es im März zu **blutigen Barrikadenkämpfen**. Die Forderungen der Kämpfer sind u.a. Pressefreiheit, Bildung eines deutschen Parlaments, eine Verfassung sowie die Schaffung eines nationalen Staates. Die Fürsten geben den sogenannten Märzforderungen nach. Liberale Regierungen in den Einzelstaaten werden berufen und Wahlen zur **Bildung einer Nationalversammlung** durchgeführt. Am 18. Mai 1848 tritt die Nationalversammlung in der Frankfurter Paulskirche erstmals zusammen und berät über eine Verfassung. Doch nicht in jedem Punkt kann Einigkeit erzielt werden. Schließlich lehnt der preußische König **Friedrich Wilhelm IV.** am 3. April 1849 die Reichsverfassung ab. Die deutschen Fürsten schlagen noch bestehende Aufstände nieder und stellen die **alten Verhältnisse** wieder her.

AUSWIRKUNGEN

Die von der Nationalversammlung erarbeitete **Verfassung** ist Vorbild für spätere Verfassungen. Der **Grundrechtskatalog von 1848** bildet einen zentralen Bestandteil des deutschen Grundgesetzes.

68 Otto Graf von Bismarck

Die Politik des „Eisernen Kanzlers" führt zur Vormachtstellung Preußens in Kontinentaleuropa. Otto von Bismarck wird Volksheld, Gründervater und erster Kanzler des Deutschen Reiches.

WER?	Johanna von Puttkamer (1824–94) Wilhelm I. (1797–1888) Wilhelm II. (1859–1941)
WANN?	1815–98
WO?	Preußen

Otto Graf von Bismarck

Otto von Bismarck wird 1815 in Schönhausen an der Elbe geboren. Der Sohn einer **altmärkischen Ritterfamilie** macht im Jahr 1832 Abitur und beginnt mit dem Studium der **Rechts- und Staatswissenschaften** in Göttingen. Ein Jahr später bricht er sein Referendariat ab. 1847 heiratet er Johanna von Puttkamer. Er wird **Mitglied des Vereinigten Landtags**. Von 1851 bis 1859 ist er als Gesandter am Bundestag zu Frankfurt am Main tätig, im Anschluss daran geht er als **Botschafter** nach St. Petersburg und Paris. 1862 wird Bismarck von Wilhelm I. zum **preußischen Ministerpräsidenten** berufen. Dem Streit um die Heeresreform zwischen Regierung und Parlament macht Bismarck kurzerhand ein Ende, indem er auch ohne Zustimmung des Parlamentes zum Haushalt weiterregiert und das Militär aufrüstet. Dieser verfassungswidrige Zustand, der innenpolitisch für Zündstoff sorgt, dauert insgesamt vier Jahre.

Kaiser Wilhelm I.

Als preußischer **Außenminister**, der er ebenfalls seit 1862 ist, unterdrückt er zusammen mit dem Zaren die polnischen Unabhängigkeitsbestrebungen, führt 1864 **Krieg gegen Dänemark** um die Herzogtümer Schleswig und Holstein sowie 1866 gegen Österreich. Dieser

„Bruderkrieg" dient Bismarcks Ziel, Deutschland unter der Vormachtstellung von Preußen zu einen. Der Deutsche Bund wird aufgelöst, der **Norddeutsche Bund** gegründet. Insgesamt 17 deutsche Staaten schließen sich unter der Führung Preußens an. Seinen größten außenpolitischen Erfolg feiert Bismarck mit dem **Sieg über Frankreich 1870/71**, der zur **Gründung des deutschen Reiches** und der **Kaiserproklamation** von **Wilhelm I.** führt. Als Reichskanzler und Außenminister dominiert Bismarck bis 1890 die Politik des Reiches. Anstelle einer Expansionspolitik tritt die **Sicherung des Friedens** und des **Status Quo**. Gezielte Bündnisse wie das Dreikaiserbündnis, der Zweibund, Dreibund oder Rückversicherungsvertrag werden zu diesem Zweck geschlossen.

Kaiserproklamation in Versailles *1871*

Innenpolitisch ist Bismarck weniger erfolgreich. Der **Erlass der Sozialistengesetze** führt im Inneren zu einer Krise. Nach ihrer Aufhebung 1890 werden die **Sozialdemokraten** im Reichstag die **stärkste Fraktion**. Zur Schwächung der Sozialdemokraten erlässt er weitreichende Reformen zur Kranken-, Unfall-, Renten- und Invaliditätsversicherung, die die Arbeitergesellschaft allerdings nicht zu einer Abkehr von den Sozialdemokraten bringen. Der klerikale Einfluss auf den Staat wird reduziert, die Zivilehe bindend eingeführt. Nach dem Tod des Kaisers entlässt der Regent Wilhelm II. Bismarck 1890. Der „Eiserne Kanzler" stirbt 1898 in Friedrichsruh.

Attentat auf Bismarck

AUSWIRKUNGEN

Bismarck wird zum **Mythos** verklärt. Nach seinem Tod ändert sich die Außenpolitik, das Deutsche Reich soll Weltreich werden, doch es isoliert sich zunehmend.

69 Erstes Vatikanisches Konzil

Am Ersten Vatikanischen Konzil nehmen rund 700 Bischöfe aus allen Erdteilen teil. Die Lehre von der Unfehlbarkeit des Papstes wird zum Dogma erhoben.

WER?	Pius IX. (1792–1878)
WANN?	8. Dezember 1869–20. Oktober 1870
WO?	Petersdom in Rom

Unter **Papst Pius IX.** wird das Konzil einberufen. Ziel ist die **Klärung verschiedener Glaubensfragen**, aber auch Fragen der Seelsorge und der kirchlichen Disziplin sollen behandelt werden. Als weiterer Abstimmungspunkt steht die **Unfehlbarkeit des Papstes** (Infallibilität) in Glaubens- und Sittenfragen auf der Tagesordnung. Von über 1000 Bischöfen nehmen 800 an dem Konzil teil, etwa 700 von ihnen mit Stimmberechtigung. In insgesamt 93 Sitzungen wird beraten. Die größten Meinungsverschiedenheiten herrschen in Bezug auf die Frage der Unfehlbarkeit. Nach langwierigen Debatten, Diskussionen und Interventionen kommt es am 18. Juli **1870** zur Abstimmung über diesen Punkt. Mit 533 gegen zwei Stimmen wird die Unfehlbarkeit des Papstes beschlossen. Darüber hinaus wird er als **höchstes Leitorgan** in allen Fragen der gesamten Kirche bestätigt. Etwa 70 Bischöfe bleiben der Abstimmung aus Oppositionsgründen fern. Zu weiteren Abstimmungen und Dokumenten kommt es nicht mehr. Der **Deutsch-Französische Krieg** bricht aus, italienische Truppen besetzen am 1. September den Kirchenstaat, das Konzil wird am 18. Oktober vorzeitig abgebrochen und auf unbestimmte Zeit vertagt. Abgeschlossen wird es nie.

Papst Pius IX.

AUSWIRKUNGEN

Einige Bischöfe lehnen die Anerkennung des Dogmas ab und werden exkommuniziert. Es kommt zur **Abspaltung der altkatholischen Kirche**.

DEUTSCH-FRANZÖSISCHER KRIEG 70

Die Thronfolge in Spanien wie auch eine Provokation Bismarcks führen zur Kriegserklärung Frankreichs an Preußen. Die Franzosen verlieren den Krieg, die deutsch-französischen Beziehungen bleiben auf lange Zeit belastet.

WER?	Napoleon III. (1808–73); Wilhelm I. (1797–1888); Otto Graf von Bismarck (1815–98)
WANN?	1870–71
WO?	Frankreich, Deutschland

N**apoleon III.** fürchtet wegen der Expansion Preußens um die Vormachtstellung Frankreichs. Als der spanische Thron von einem Hohenzollern-Sigmaringer besetzt werden soll, protestiert der französische Kaiser. Der französische Botschafter fordert von **König Wilhelm I.** den garantierten **Thronverzicht**. Bismarck veröffentlicht die über dieses Treffen berichtende **„Emser Depeche"** in verkürzter und damit verschärfter Form. Die **Provokation** gelingt: **Frankreich erklärt Preußen** am 19. Juli **1870** den **Krieg**. Die süddeutschen Staaten schließen sich Preußen im Kampf gegen Frankreich an. Die zahlenmäßige Überlegenheit der deutschen Armee führt schon am 2. September zur **Kapitulation von Sedan**. Napoleon wird mit seiner Armee gefangen genommen. Als diese Nachricht Paris erreicht, kommt es zum Aufstand. Am 4. September 1870 wird die Republik ausgerufen. Doch auch die neuen französischen Heere werden geschlagen oder vertrieben. Paris erklärt im Januar **1871** die Kapitulation. Mit dem Frieden von Frankfurt am Main endet der Krieg zwischen Frankreich und Deutschland.

Napoleon III.

AUSWIRKUNGEN

Frankreich muss das **Elsass und Teile Lothringens** an das Deutsche Reich abtreten. Zusätzlich sind fünf Milliarden Goldfranc als **Kriegsentschädigung** zu zahlen. Das **Deutsche Reich entsteht**.

71 AMERIKANISCHER BÜRGERKRIEG

Der Bürgerkrieg, auch Sezessionskrieg genannt, entzündet sich an der Auseinandersetzung um die Abschaffung der Sklaverei.

WER?	Abraham Lincoln (1809–65) Jefferson Finis Davis (1808–89) Robert Edward Lee (1807–70)
WANN?	1861–65
WO?	Vereinigte Staaten von Amerika

Abraham Lincoln

Als **Abraham Lincoln** 1860 neuer Präsident der USA wird, treten die Südstaaten South Carolina, Mississippi, Florida, Alabama, Georgia und Louisiana aus dem Staatenbund aus, weitere schließen sich an. Sie gründen die **Konföderation**, ihr Präsident wird **Jefferson Davis**. Auslöser für den Austritt und den darauf folgenden **Bürgerkrieg** ist die ablehnende Haltung Lincolns gegenüber der Sklaverei. Denn während der industrialisierte Norden gut auf die Sklaven verzichten kann, stellen sie für den produzierenden Süden unverzichtbare Arbeitskräfte dar.

Die Armee der Konföderierten verbucht unter der Führung von General **Robert Edward Lee** erste Erfolge, kann im Verlauf des Krieges aber nicht mit der wesentlich größeren Wirtschaftskraft und Rüstungsindustrie des Nordens mithalten. Am 9. April 1865 kapituliert General Lee in Appomattox, Virginia. Fünf Tage später wird **Präsident Lincoln** in Washington von einem Anhänger der Südstaaten **erschossen**. Die Konföderation wird aufgelöst, die **Union** am 24. April wiederhergestellt. Mehr als 600.000 Menschen haben in unzähligen Schlachten ihr Leben verloren.

AUSWIRKUNGEN

Die **Sklaverei** wird **abgeschafft**. Der Süden wird wirtschaftlich ausgebeutet, die Nordstaaten übernehmen die **Führungsrolle** innerhalb der USA.

ERSTER WELTKRIEG

72

Ein Krieg ungeahnten Ausmaßes verändert das Machtgefüge der Welt. Fast 17 Millionen Menschen verlieren ihr Leben.

WER?	Thomas Woodrow Wilson (1856–1924)
WANN?	1914–18
WO?	Weltweit

Auslöser für den Ersten Weltkrieg ist die **Ermordung des österreichischen Thronfolgers** durch einen serbischen Attentäter. Österreich erklärt Serbien den Krieg. Russland tritt mit seiner Unterstützung für Serbien in den Krieg ein. Deutschland stellt sich an die Seite Österreichs, besetzt Belgien und Luxemburg und forciert damit den Kriegseintritt von Frankreich und Großbritannien. Aus einem europäischen Krieg entwickelt sich ein **weltweiter Vernichtungsfeldzug**. Bis zu 25 Staaten nehmen daran teil, fast **70 Prozent der Weltbevölkerung** sind beteiligt. Die Rüstungsindustrie boomt, der Krieg gerät zur **Materialschlacht**. Panzer, U-Boote, Flugzeuge, sogar Luftschiffe werden eingesetzt, ändern aber vielfach nichts am Kriegsverlauf. Der **Stellungskrieg** sowie der **Einsatz von Giftgas** fordern Millionen von Toten. Aus der anfänglichen **Euphorie** der Bevölkerung wird bald eine generelle **Kriegsmüdigkeit**, der mit massiver Propaganda begegnet wird. Die Kriegsentscheidung fällt **1917** mit dem Zusammenbruch Russlands und dem Kriegseintritt der USA unter Präsident Wilson. **1918** zerfallen die deutschen Bündnisse und **Deutschland kapituliert**.

Rekrutierung Freiwilliger für den Ersten Weltkrieg

AUSWIRKUNGEN

Im **Vertrag von Versailles** wird Deutschland die **Alleinschuld** am Krieg zugesprochen. Große territoriale Verluste sowie **hohe Reparationszahlungen** sind die Folgen. Die USA, Russland und Japan steigen zu neuen Großmächten auf.

73 Vertrag von Versailles

Nach Beendigung des Ersten Weltkrieges unterzeichnet Deutschland den Versailler Vertrag und bildet damit die Grundlage für die Neuordnung Europas. Die harten Bedingungen führen zu neuen Konflikten.

WER?	Thomas Woodrow Wilson (1856–1924) Georges Benjamin Clemenceau (1841–1929)
WANN?	28. Juni 1919
WO?	Frankreich

Seit Januar 1919 tagt in Versailles der **Friedenskongress**. Ein Ausschuss des Kongresses legt die Eckpunkte des Vertrages fest. Ursprünglich sollen die 14 Punkte des US-Präsidenten Wilson in das Dokument Eingang finden. Doch zunehmend sorgen nationale Interessen, besonders von Seiten Frankreichs, vertreten durch den **Ministerpräsidenten Clemenceau**, für eine Verschärfung der Vertragsbedingungen. Auch die anderen Alliierten nutzen die Gelegenheit, sich in **Geheimabsprachen** über die Bedingungen zu einigen. Das Ergebnis ist ein umfassendes Vertragswerk, in dem Deutschland und seinen Verbündeten die alleinige Schuld am Ausbruch des Ersten Weltkrieges zugesprochen wird. Daraus leiten sich hohe **Reparationszahlungen** ab. Große territoriale **Gebietsabtretungen** an Polen und Frankreich, die Aufgabe aller Kolonien, die starke Beschränkung des Militärs sowie die Gründung des Völkerbundes sind weitere wesentliche Vertragsbestandteile.

Unterzeichnung des Versailler Vertrags

AUSWIRKUNGEN

In den USA scheitert der Vertrag am Kongress. Die Vereinigten Staaten treten dem Völkerbund nicht bei und schließen einen separaten Frieden mit Deutschland. Die Reparationszahlungen wie auch die Verkleinerung des Staatsgebietes sorgen in den Folgejahren für **große wirtschaftliche Probleme**.

Weimarer Republik

74

Nach Ende des Ersten Weltkrieges und der Abdankung des Kaisers ruft Philipp Scheidemann am 9. November 1918 die Republik aus. Sie ist nach dem Tagungsort der Nationalversammlung benannt.

WER?	Philipp Heinrich Scheidemann (1865–1939) Karl Liebknecht (1871–1919) Paul von Hindenburg (1847–1934) Adolf Hitler (1889–1945)
WANN?	1918–33
WO?	Deutschland

Als **Philipp Scheidemann** den Beginn der deutschen Republik verkündet, kommt er **Karl Liebknecht** um zwei Stunden zuvor, der die „Freie Sozialistische Republik" vom Berliner Stadtschloss ausruft. Die **Weimarer Republik** ist in der ersten Phase von den Folgen des Krieges geprägt. Soziale Unruhen, die Wiedereingliederung der Soldaten, eine rasch wachsende Inflation sowie hohe Reparationszahlungen erschweren den Beginn. Die Bedingungen des Versailler Vertrages, ebenso wie die **Enttäuschung** über den Kriegsausgang, schüren die Hetze von Radikalen gegen die junge Republik. Erst **ab 1924** kommt es zur **Stabilisierung der Wirtschaft**, der Dawes-Plan sorgt mit für den Aufschwung. Die **Goldenen Zwanziger** beginnen, Deutschland wird Mitglied des **Völkerbundes**. Doch schon 1929 erschüttert die **Weltwirtschaftskrise** das Land erneut. **Massenarbeitslosigkeit** sowie eine generelle **Radikalisierung** in der Politik prägen die folgenden Jahre. Der Aufstieg der **NSDAP** besiegelt den Untergang der Republik. Sie findet ihr Ende, als Reichspräsident Paul von Hindenburg **Adolf Hitler** am **30. Januar 1933** zum **Reichskanzler** ernennt.

Ausrufung der Republik

AUSWIRKUNGEN

Mit der *Reichstagsbrandverordnung* und dem *Ermächtigungsgesetz* beginnt die **Diktatur des Nationalsozialismus**.

75 Adolf Hitler

Der selbsternannte „Führer" des Deutschen Reiches entfesselt den Zweiten Weltkrieg. Er etabliert ein Terrorregime auf der Basis einer rassistischen Weltanschauung, die die systematische Vernichtung von Millionen von Juden zur Folge hat.

WER?	Paul von Hindenburg (1847–1934) Eva Braun (1912–45)
WANN?	1889–1945
WO?	Deutsches Reich

Am 20. April 1889 wird Hitler als Sohn eines Zollbeamten in Braunau, Österreich geboren. Zeitlebens schafft er es nicht, eine Berufsausbildung zu beenden. Er beschäftigt sich mit **antisemitischen Schriften**, die die Basis seiner Weltanschauung werden. Um dem **Kriegsdienst zu entgehen**, zieht er von Wien nach München, tritt 1914 aber freiwillig in die **Bayerische Armee** ein. Bis zum Kriegsende dient er an der Westfront, zweimal wird er mit dem **Eisernen Kreuz** ausgezeichnet.

Direkt nach Kriegsende wird er Mitglied der **Deutschen Arbeiterpartei** (DAP), die 1920 in NSDAP umbenannt wird. Ab 1921 hat er den **Vorsitz** inne. Der gescheiterte Hitler-Putsch 1923 bringt ihn bis Dezember 1924 hinter Gitter. 1929 steigt die NSDAP zur stärksten Partei auf, **1933** wird er von Hindenburg zum **Reichskanzler** ernannt. Innerhalb kürzester Zeit schaltet er politische Gegner aus, schafft eine **Einparteienlandschaft** und erlässt die ersten **Gesetze** zur Entrechtung und Vertreibung der Juden. Ab 1934 ist er **Reichspräsident** und **Reichskanzler** in einer Person, die Reichswehr ist ihm direkt unterstellt.

Adolf Hitler

75

Hitler betreibt eine konsequente **Aufrüstung**, die ersten außenpolitischen Erfolge wie die Besetzung des Rheinlandes, steigern seine Popularität. Mit dem Angriff auf Polen 1939 löst er den **Zweiten Weltkrieg** aus. Seine Ziele, wie die „Erweiterung des Lebensraums nach Osten" sowie die **Vorherrschaft** in Europa, führen zu ständig neuen Eroberungen. Immer mehr Länder werden unterworfen. Hitler scheint unbesiegbar. Erst mit dem **Angriff** auf die **Sowjetunion 1941** wendet sich das Blatt. Der auf vier Monate veranschlagte Feldzug stoppt vor Moskau, weitere **militärische Rückschläge** folgen. Die Kriegserklärung an die USA führt in der Folge zu einer mächtigen **Koalition** von Großbritannien, der Sowjetunion und den Vereinigten Staaten. Doch Waffenstillstand, Rückzug oder Kapitulation sind für Hitler zu keiner Zeit eine Option. Dies wird besonders deutlich, als die 6. Armee vor Stalingrad auf seinen Befehl hin einen **aussichtslosen Kampf** führen muss.

Massenkundgebung

Im Reich wird derweil auf sein Geheiß der **Völkermord** an den Juden geplant und durchgeführt, dem bis zum Ende des Zweiten Weltkrieges **sechs Millionen Menschen** zum Opfer fallen.
Ein **Attentat** auf Hitler misslingt 1944. Im selben Jahr ruft er zum „Volkssturm" auf. Kinder und alte Männer werden zum Schutz der Reichsgrenzen eingesetzt, in seiner letzten Radioansprache beschwört Hitler den „Endsieg". Am 29. April heiratet er Eva Braun. Am nächsten Tag begehen beide **Selbstmord**. Wenige Stunden später treffen die ersten sowjetischen Panzer ein.

AUSWIRKUNGEN

Der **Völkermord** belastet nachhaltig die **Beziehungen** zwischen **Deutschland** und **Israel**. Für viele Jahre greift Deutschland in keinerlei bewaffnete Auseinandersetzung ein. 2008 wird die Nachbildung Hitlers aus Wachs bei Madame Tussauds in Berlin von einem empörten Besucher enthauptet.

76
Hitlerputsch

Der Hitlerputsch hat das Ziel, die Berliner Reichsregierung von München aus zu stürzen. Die Machtübernahme misslingt, die Putschisten werden getötet oder inhaftiert.

WER?	Adolf Hitler (1889–1945) Erich Friedrich Wilhelm Ludendorff (1865–1937) Gustav Ritter von Kahr (1862–1934)
WANN?	8./9. November 1923
WO?	München

Die Bayerische Landesregierung, unter ihnen Gustav Ritter von Kahr, plant einen Staatsstreich. Hitler, der ebenfalls die **Machtübernahme** im Sinn hat, ruft am 30. Oktober 1923 im Münchner Zirkus Krone zum **Aufstand** auf – erfolglos. Die nächste Gelegenheit bietet sich ihm, als Gustav Ritter von Kahr und andere Nationalisten am 8. November im vollbesetzten **Bürgerbräukeller** über ihre Putschpläne und politischen Ziele diskutieren wollen. Hitler stürmt mit einem **Stoßtrupp** die Versammlung, ernennt sich zum Führer einer „provisorischen Nationalregierung" und Ludendorff zum Kriegsminister.

Erich Ludendorff

Sowohl die bayerische Regierung als auch die Reichsregierung werden für abgesetzt erklärt. Von Kahr und die übrige Versammlungsleitung werden gefangen genommen. Ihre Zustimmung zum Putsch wird erzwungen. Doch die Zusage wird widerrufen, der **Widerstand** gegen die Putschisten organisiert. Am 9. November wird der **nationalistische Marsch** zur Feldherrenhalle, angeführt von Hitler und Ludendorff, durch bewaffnete Polizeikräfte aufgehalten. Im **Schusswechsel** sterben mehrere Polizisten und Demonstranten. Ludendorff wird verhaftet, Hitler nach einer kurzen Flucht ebenfalls.

Auswirkungen

Die **NSDAP** wird kurzzeitig im Reich **verboten**. Hitler wird zu fünf Jahren Festungshaft verurteilt, kommt aber bereits 1924 wieder frei. Im Gefängnis schreibt er sein Werk ***Mein Kampf***. Ab 1934 wird er zum Reichskanzler und Reichspräsidenten ernannt.

Konferenz von Locarno 77

Ein Sicherheitsabkommen soll in Europa für Entspannung sorgen. Die Tagung führender Staatsmänner endet nach nur neun Tagen mit einem Ergebnis, das als bedeutsamer Schritt zur Friedenssicherung gewertet wird.

WER?	Gustav Stresemann (1878–1929) Aristide Briand (1862–1932)
WANN?	5.–16. Oktober 1925
WO?	Locarno, Schweiz

Am 5. Oktober 1925 beginnt die Konferenz im Schweizer Kurort Locarno. **Teilnehmer** sind Frankreich, Belgien, das Deutsche Reich, Großbritannien, Italien, Polen und die Tschechoslowakei. Erarbeitet wird ein Vertragswerk, das in mehreren völkerrechtlichen Vereinbarungen das **friedliche Zusammenleben der Völker** garantieren soll. Die Einzelverträge sind dem Schlussprotokoll als Anlage beigefügt. Deutschland verzichtet darin endgültig auf Elsass-Lothringen und verpflichtet sich zur **Entmilitarisierung** der linksrheinischen Gebiete. Die Erhaltung der deutschen Westgrenze wird festgeschrieben. Garantieverträge sichern bei **Vertragsverletzungen** militärische Unterstützung zu. In Bezug auf die Ostgrenze behält Deutschland sich eine Änderung auf politischem Weg vor, mit Polen und der Tschechoslowakei werden jedoch **Schiedsverträge** abgeschlossen. Entscheidenden Anteil am Zustandekommen der Verträge hat die vertrauensvolle Zusammenarbeit zwischen dem deutschen Außenminister Gustav Stresemann und seinem französischen Kollegen Aristide Briand. Beide erhalten für ihre Arbeit 1926 den Friedensnobelpreis. Der Vertrag von Locarno wird am 1. Dezember 1925 in London unterzeichnet.

Gespräch zwischen Aristide Briand, Gustav Stresemann u.a. in Locarno

AUSWIRKUNGEN

Deutschland wird 1926 in den **Völkerbund** aufgenommen. Die außenpolitische Isolation Deutschlands findet mit dem Vertrag ein Ende.

78 WELTWIRTSCHAFTSKRISE

Der „Schwarze Freitag“ an der New Yorker Börse führt zur schwersten Krise der Weltwirtschaft. Dem Börsencrash folgen Pleiten, Massenarbeitslosigkeit sowie Verarmung.

WER?	Heinrich Brüning (1885–1970)
WANN?	25. Oktober 1929–33
WO?	Beginn in New York, Auswirkung weltweit

Seit dem Ersten Weltkrieg ist die Wirtschaft unaufhörlich, aber unkontrolliert gewachsen. Die USA sind größter Exporteur und Kreditgeber. Finanzspekulationen, aber auch ein **Wirtschaftswachstum auf Pump** bringen die Blase schließlich zum Platzen. Der **25. Oktober 1929**, ein Donnerstag, geht aufgrund der Zeitverschiebung in Europa als der **„Schwarze Freitag“** in die Geschichte ein. Die **Kurse** an der New Yorker Börse **fallen** schlagartig um **13 Prozent**, viele Spekulanten verlieren an diesem Tag ihr ganzes Geld. Die Banken werden geschlossen, ein Großteil geht pleite. Die **Folgen** sind **weltweit** zu spüren. Die amerikanische Industrieproduktion verringert sich um 50 Prozent, der **Welthandel** geht um fast 65 Prozent zurück. Zölle werden erhöht, der internationale Handel nimmt dadurch weiter ab. Firmenkredite werden nicht mehr vergeben und treiben die Unternehmen in den Ruin. Neben den USA ist die **Weimarer Republik** am stärksten von der Krise betroffen. Grund dafür sind die im Versailler Vertrag festgelegten Reparationszahlungen, die vorwiegend durch amerikanische Anleihen finanziert werden. Als das Geld ausbleibt, versucht die Regierung Brüning mit massiven Lohnsenkungen und Sozialabbau gegenzusteuern – vergebens.

Schwarzer Freitag an der Börse

AUSWIRKUNGEN

Der Dow-Jones-Index verliert 90 Prozent an Wert. Die **NSDAP** kommt **an die Macht**. 1933 liegt die **Arbeitslosenzahl** bei **sechs Millionen**.

Nürnberger Gesetze

79

Auf dem siebten Reichsparteitag der NSDAP in Nürnberg werden die „Nürnberger Rassengesetze" verkündet. Juden werden zu Menschen niederer Rasse erklärt, ihre Verfolgung wird staatlich legitimiert.

WER?	Adolf Hitler (1889–1945)
WANN?	15. September 1935
WO?	Nürnberg, Deutschland

Auf Anordnung Hitlers werden die „Nürnberger Rassengesetze" innerhalb von wenigen Tagen ausgearbeitet, um dem Parteitag den letzten Schliff zu geben. Es entstehen das „Gesetz zum Schutz des deutschen Blutes und der deutschen Ehre", auch „Blutschutzgesetz" genannt sowie das „Reichsbürgergesetz". Mit ihm werden die **Bürgerrechte von Juden** extrem **eingeschränkt**. Sie **verlieren** das **politische Wahlrecht** wie auch das Recht zur Ausübung von öffentlichen Ämtern. Eine Durchführungsverordnung regelt wenig später, wer als „Volljude", „Halbjude" oder „Vierteljude" zu betrachten ist. Das „Blutschutzgesetz" stellt Eheschließungen zwischen Juden und „Staatsangehörigen deutschen oder artverwandten Blutes" unter **Strafe**, genauso wie außerehelichen sexuellen Kontakt. Juden ist es untersagt, nichtjüdische Angestellte im Haushalt zu beschäftigen, auch die Reichsflagge dürfen sie nicht mehr hissen. Vergehen werden mit Gefängnisaufenthalt geahndet.

Reichsparteitag in Nürnberg

AUSWIRKUNGEN

Das „Blutschutzgesetz" hat annähernd **2000 Strafprozesse** wegen „Rassenschande" zur Folge. Zum „Reichsbürgergesetz" werden weitere ergänzende Verordnungen wie Berufsverbote oder die Aberkennung der deutschen Staatsbürgerschaft erlassen. Die menschenverachtenden Gesetze bilden den **Auftakt zur systematischen Verfolgung, Vertreibung und Vernichtung der Juden**.

80 Reichspogromnacht

In der Nacht vom 9. auf den 10. November 1938 brennen in Deutschland die Synagogen. Die als „Reichskristallnacht" verharmlosten Pogrome markieren den Beginn der systematischen Judenverfolgung.

WER?	Joseph Goebbels (1897–1945) Herschel Feibel Grynszpan (1921–42) Ernst Eduard vom Rath (1909–38)
WANN?	9./10. November 1938
WO?	Deutschland

Seit der **Reichstagswahl 1933** werden die deutschen **Juden** immer stärker **diskriminiert**. Als am 7. November der 17-jährige polnische Jude Herschel Grynszpan in Paris den Legationssekretär Ernst Eduard vom Rath erschießt, um seine Eltern zu rächen, dient dieses **Attentat** als willkommener Anlass, um gegen die Juden vorzugehen. Die Führung der NSDAP ist am 9. November in München zum Gedenken an den gescheiterten Hitlerputsch versammelt, als die Nachricht vom Tod Raths eintrifft. Joseph Goebbels erklärt dort, dass man „spontane Demonstrationen" gegen die Juden nicht unterbinden werde. Dem **Aufruf zur Gewalt** folgen Angehörige von SA und SS, oft in Zivilkleidung, um den Volkszorn weiter zu schüren. Der **Terror** ist verheerend: Jüdische Geschäfte und Wohnungen werden zerstört und geplündert. Mehr als 1400 Synagogen und Gebetshäuser gehen in Flammen auf. Die Straßen sind voll von Glas. Friedhöfe werden geschändet, über 30.000 Juden in Konzentrationslager deportiert. Im Zuge der Ausschreitungen **sterben mehr als 1300 Menschen**. Sie werden noch in der Nacht ermordet, nehmen sich selbst das Leben oder kommen in der Folge im Konzentrationslager zu Tode.

Reichskristallnacht vom 9. auf den 10. November 1938

AUSWIRKUNGEN

Die Zahl der Ausreiseanträge steigt massiv an. Etwa 200.000 Juden verlassen bis zum Kriegsbeginn das Land. Die **Vernichtung der Juden** wird **vorangetrieben**; bis zum Ende kommen sechs Millionen Menschen um.

Angriff auf Polen

81

In den frühen Morgenstunden des 1. September 1939 marschieren deutsche Truppen ohne vorausgehende Kriegserklärung in Polen ein. Der Zweite Weltkrieg beginnt.

WER?	Adolf Hitler (1889–1945) Josef Stalin (1878–1953)
WANN?	1. September 1939
WO?	Polen, Freie Stadt Danzig

Das Linienschiff „Schleswig-Holstein“ eröffnet um 4:45 Uhr das Feuer auf polnische Befestigungen auf der Westerplatte vor der Freien Stadt Danzig. Zeitgleich fliegt die deutsche Luftwaffe einen Angriff gegen die Stadt Wielun. Hitler begründet den **Angriff** auf den Nachbarstaat mit angeblichen Provokationen und Grenzverletzungen seitens Polens. Der scheinbar so überraschende Feldzug ist gut vorbereitet. Dem Einmarsch vorausgegangen ist ein am 23. August in Moskau geschlossener deutsch-russischer Nichtangriffs- und Wirtschaftsvertrag. In einem **geheimen Zusatzvertrag** zu diesem Abkommen teilen Hitler und Stalin Polen unter sich auf. Hitlers **Ziel**, die **„Erweiterung des deutschen Lebensraums nach Osten“**, wird von der deutschen Wehrmacht erfolgreich umgesetzt. Der **„Blitzkrieg“** dauert nur bis zum 6. Oktober, dann kapitulieren die letzten polnischen Feldtruppen. Besiegelt wird die **polnische Niederlage** auch durch den Einmarsch der sowjetischen Armee am 17. September in Ostpolen. Die ehemals deutschen Ostgebiete werden in das Deutsche Reich eingegliedert, die übrigen polnischen Gebiete unter deutsches Generalgouvernement gestellt.

Einmarsch in Warschau

Auswirkungen

Am **3. September 1939** erklären **Frankreich** und **Großbritannien dem Deutschen Reich den Krieg**. Weitere Staaten folgen. Unter dem NS-Terror-Regime sterben in Polen fast sechs Millionen Menschen.

82 Zweiter Weltkrieg

Am Zweiten Weltkrieg sind sämtliche Großmächte des 20. Jahrhunderts beteiligt, auf jedem Kontinent wird gekämpft. Die verheerenden Ausmaße des Krieges sind einzigartig in der Menschheitsgeschichte. 55 Millionen Menschen kommen dabei um.

WER?	Adolf Hitler (1889–1945) Hermann Wilhelm Göring (1893–1946)
WANN?	1939–45
WO?	Weltweit

Der Zweite Weltkrieg fordert Millionen Menschenleben.

Nach dem Angriff auf Polen erklären Frankreich und England dem Deutschen Reich den Krieg. Ein Jahr später besetzt die deutsche Wehrmacht Dänemark und Norwegen. Belgien, Luxemburg sowie die Niederlande folgen. **Frankreich** wird angegriffen und unterliegt. Hitler feiert einen **Sieg** nach dem anderen, das deutsche Reich scheint unbesiegbar. Der **Krieg gegen England** bringt den ersten **Rückschlag**. Hermann Göring, dem Oberbefehlshaber der deutschen Luftwaffe, gelingt es nicht, den englischen Widerstand zu brechen. Die Wende im Kriegsgeschehen tritt mit dem **Überfall** auf die **Sowjetunion** ein. Hitler bricht 1941 den **Moskauer Vertrag**, die deutschen Truppen ziehen gegen Moskau. Doch der erhoffte „Blitzsieg" scheitert an einem früh einsetzenden, sehr kalten Winter. **Japan** greift im Dezember 1941 die amerikanische Pazifikflotte in Pearl Harbor an, die **USA** treten in den Krieg ein. England, die USA und die Sowjetunion verbünden sich und fliegen Bombenangriffe gegen deutsche Städte. Die **Schlacht um Stalingrad** sowie die Landung der Alliierten in der **Normandie** läuten das Ende ein. Am **8. Mai 1945 kapituliert Deutschland**. Hitler begeht zusammen mit seiner Frau Eva Braun Selbstmord. Japan kapituliert im September nach dem Atombombenabwurf der USA.

AUSWIRKUNGEN

USA und Sowjetunion werden zur Weltmacht. Deutschland wird in **vier Besatzungszonen** unter den Alliierten aufgeteilt.

Überfall auf Pearl Harbor 83

Der Luftangriff Japans auf die US-Marinebasis Pearl Harbor auf der Hawaii-Insel Oahu markiert einen Wendepunkt im Kriegsgeschehen. Die formal neutralen USA treten in den Krieg ein.

WER?	Nagumo Chūichi (1887–1944)
WANN?	7. Dezember 1941
WO?	Hawaii

Angriff auf Pearl Harbor

Wenige Stunden vor Sonnenaufgang des 7. Dezember **1941** nähern sich aus Westen 400 japanische Jagdbomber und Torpedoflugzeuge. Ohne vorherige Kriegserklärung greifen sie den amerikanischen Stützpunkt an. Die erste **Angriffswelle** der Japaner trifft auf keinerlei Widerstand. Die völlig überraschten Amerikaner verlieren einen Großteil ihrer Schlachtschiffe, die torpediert und bombardiert im Hafen sinken. Allein auf der „Arizona" sterben 1177 Männer, die Hälfte aller amerikanischen Toten des Überfalls. Kaum einem Schiff gelingt es, dem Inferno im Hafen unbeschadet zu entkommen. Doch nicht nur die **Schlachtschiffe** gehen verloren, auch ein Großteil der **amerikanischen Luftflotte** wird zerstört. Für die japanischen Sturzbomber und Jäger sind die in Reih und Glied geparkten Flugzeuge auf den Rollfeldern leichte Beute. Die meisten Maschinen werden noch am Boden zerstört, nur ein paar wenigen gelingt der Aufstieg. Die zweite Angriffswelle der Japaner richtet weitere **schwere Zerstörungen** an. Admiral Nagumo verzichtet auf einen geplanten dritten Angriff. Die USA verlieren an diesem Tag 2402 Mann, 188 Flugzeuge und 12 Schlachtschiffe. Die Verluste auf japanischer Seite sind minimal.

Auswirkungen

Die **USA** erklären **Japan** den **Krieg**, Deutschland den USA. Den Japanern gelingt es nicht, ihre militärische Übermacht zu halten. Am **2. September 1945 kapituliert** das **Kaiserreich** bedingungslos.

84 Schlacht von Stalingrad

Die Schlacht um Stalingrad stellt einen psychologischen Wendepunkt im Kriegsgeschehen dar. Der deutsche Vormarsch findet ein Ende.

WER?	Friedrich Wilhelm Ernst Paulus (1890–1957) Adolf Hitler (1889–1945)
WANN?	1942–43
WO?	Stalingrad, Russland

Stalingrad hat neben der strategischen auch eine psychologische Bedeutung, weshalb die Stadt besonders hart umkämpft wird. Der Kampf beginnt im **August 1942**, als die deutsche 6. Armee unter General Paulus Stalingrad angreift. Bis November erobern die deutschen Truppen fast die ganze Stadt, reiben sich dann jedoch in ständigen Häuser- und Straßenkämpfen auf. Am 22. November wird das deutsche Heer durch die **Rote Armee** eingekesselt. Hitler lehnt einen Ausbruch aus dem Kessel ab, erklärt Stalingrad zum Symbol des Siegeswillens und vertraut darauf, dass eine Versorgung der Eingeschlossenen aus der Luft funktioniert. Die **Luftversorgung scheitert** und auch der geplante Einsatz von Panzertruppen kommt nicht zustande. Am 23. Dezember spricht Hitler erneut einen **Durchhaltebefehl** aus, Unterstützung kommt jedoch nicht. Hunger, Erschöpfung, aber auch der harte Winter fordern Tausende Opfer. Die **deutschen Truppen**, inzwischen in zwei Teile gespalten, **kapitulieren** am **31. Januar** und am **2. Februar 1943**. Die Verluste sind immens hoch. Auf deutscher Seite sterben 150.000 Soldaten im Kessel, weitere 108.000 geraten in Gefangenschaft. Auf sowjetischer Seite verlieren etwa eine Million Zivilisten und Soldaten ihr Leben.

Angriff auf Stalingrad

AUSWIRKUNGEN

Stalingrad wird zum Inbegriff des Schreckens eines Krieges. Die Moral der deutschen Bevölkerung sinkt und große **Zweifel am Endsieg** kommen auf.

WANNSEEKONFERENZ

85

Am 20. Januar 1942 verhandeln 15 führende Reichsbeamte über die organisatorische Durchführung der Judenvernichtung. Für sie ist die „Endlösung der Judenfrage" lediglich ein bürokratischer Akt.

WER?	Reinhard Heydrich (1904–42) Hermann Wilhelm Göring (1893–1946) Adolf Eichmann (1906–62)
WANN?	20. Januar 1942
WO?	Berlin

Den Vorsitz der Wannseekonferenz, benannt nach ihrem Versammlungsort, hat SS-Obergruppenführer Reinhard Heydrich, Chef des Reichssicherheitshauptamtes. Bereits im Juli 1941 war ihm von Hermann Göring die Aufgabe übertragen worden, die **Gesamtorganisation** für die „Endlösung der Judenfrage" zu übernehmen. In dem streng geheimen Treffen geht es dabei weniger um die Frage der Judenvernichtung an sich, sondern vielmehr um die **bürokratischen Hürden** und organisatorischen Probleme, die damit verbunden sind.

Reinhard Heydrich

In der Villa am Wannsee werden die Staatssekretäre über den Stand der Judenvernichtung sowie die weiteren Planungen informiert. Die Ministerien werden zudem organisatorisch in den **Vernichtungsprozess** eingebunden, da die Durchführung der systematischen Auslöschung aller europäischen Juden erheblichen bürokratischen Aufwand mit sich bringt. Die Juden müssen identifiziert, gesammelt und abtransportiert, ihr Besitz erfasst und verwaltet werden. Die kaltblütige und perfide Planung des **Völkermordes** ist im Protokoll des Treffens dokumentiert, verfasst von Adolf Eichmann, Heydrichs Referent für „Judenangelegenheiten".

AUSWIRKUNGEN

Der **Massenmord** an den Juden wird industriell in **Vernichtungslagern** durchgeführt. Dem **Holocaust** fallen mindestens sechs Millionen Menschen zum Opfer.

86 Aufstand im Warschauer Getto

Die im Warschauer Getto eingesperrten Juden erheben sich gegen die nationalsozialistischen Besatzer, um den Transport in das Vernichtungslager Treblinka zu verhindern.

WER?	Jürgen Stroop (1895–1952) Willy Brandt (1913–92)
WANN?	1943
WO?	Warschau

Kontrolle der Bewohner des Warschauer Gettos

In Warschau wird 1940 ein jüdisches Getto errichtet, in dem eine halbe Million Juden auf engstem Raum zusammengepfercht wohnen sollen. Nach der Wannseekonferenz, von Juli bis Oktober 1942, werden täglich bis zu 12.000 Juden aus dem Getto in das **Vernichtungslager** Treblinka gebracht und dort ermordet. Am **19. April 1943** beginnt der **Aufstand**. Auslöser ist der Einmarsch der SS, die anfangen, das Lager vollständig zu räumen. Die Juden sollen umgehend in die Vernichtungslager transportiert werden. Doch es regt sich **Widerstand**. Unter der Führung jüdischer Kampforganisationen wie dem ZOB, ZZW sowie weiterer Widerstandsgruppen kämpfen die schlecht bewaffneten Männer, Frauen und Kinder gegen die Deportation. Zahlenmäßig weit unterlegen, aber mit dem **Mut der Verzweiflung** verwickeln sie die deutschen Soldaten in Partisanenkämpfe; die Deportation kommt zum Erliegen. Fast einen Monat dauern die Kämpfe, dann meldet Jürgen Stroop, Befehlshaber auf deutscher Seite, am **16. Mai 1943** die **Niederschlagung** des Aufstands. Die Kämpfe selbst fordern 12.000 Opfer. Weitere 30.000 Menschen werden nach dem Aufstand erschossen, 7000 deportiert. Das Warschauer Getto wird aufgelöst.

Auswirkungen

Stroops Tagebuch, der *General Stroops Report*, wird zum wichtigen **Beweismittel** bei den Nürnberger Kriegsverbrecherprozessen. 1970 ehrt **Willy Brandt** die Opfer des Warschauer Gettos mit einem **Kniefall**.

Weisse Rose

87

Die Widerstandsgruppe um die Geschwister Scholl verbreitet insgesamt sechs Flugblätter gegen das NS-Regime. Die Mitglieder werden 1943 verhaftet und vom Volksgerichtshof zum Tode verurteilt.

WER?	Sophia Magdalena Scholl (1921–43), Hans Fritz Scholl (1918–43), Christoph Probst (1919–43), Willi Graf (1918–43), Alexander Schmorell (1917–43), Kurt Huber (1893–1943)
WANN?	1942–43
WO?	München

Aus dem Freundeskreis um **Hans** und **Sophie Scholl** bildet sich die Widerstandsgruppe die „Weiße Rose". Neben weiteren **Studenten der Münchener Universität** schließt sich auch der Philosophieprofessor Kurt Huber der Gruppe an. Christlich motiviert und unter dem Eindruck der ersten Luftangriffe, verfassen Hans Scholl und Alexander Schmorell die ersten **Flugblätter**, die zum **passiven Widerstand** aufrufen. Der Tenor in ihren Schriften ändert sich schnell. Die unmenschlichen Verbrechen an den Juden werden angeprangert und schließlich wird zum **aktiven Kampf** gegen das Regime aufgefordert. Die Auflage der Flugblätter steigt, ebenso wie ihre Verbreitung. Die sechste Flugschrift wird der Gruppe zum Verhängnis. Bei der Verteilung im **Lichthof** der Universität werden Hans und Sophie vom Hausmeister gestellt und der Gestapo übergeben. Vier Tage später, am 22. Februar, werden sie zum **Tode** verurteilt und sterben noch am selben Tag durch das Fallbeil. Über Christoph Probst, dem der Entwurf eines Flugblattes angelastet wird, Schmorell, Huber und Graf wird ebenfalls das Todesurteil verhängt.

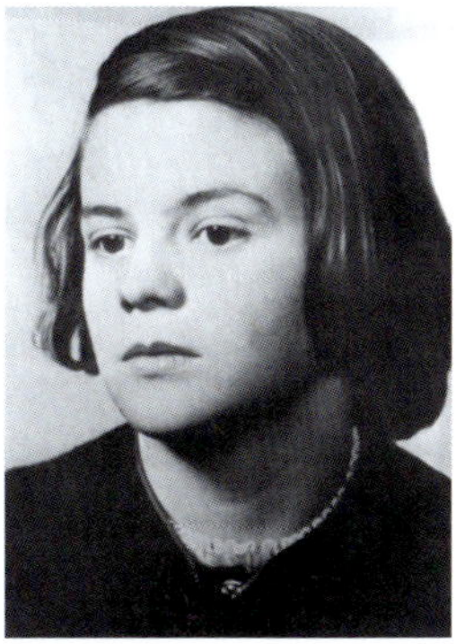

Sophie Scholl

AUSWIRKUNGEN

Das letzte Flugblatt wird im Dezember 1943 von britischen Bombern über Deutschland abgeworfen. Straßen, Gebäude und Auszeichnungen sind heute nach der Gruppe benannt.

88 Invasion in der Normandie

Mit der „Operation Overlord“ beginnt in den Morgenstunden des 6. Juni 1944 die Invasion der Alliierten auf die „Festung Europa“. Nach einer gewaltigen Materialschlacht gelingt die größte Landungsoffensive in der Militärgeschichte.

WER?	Dwight D. Eisenhower (1890–1969) Erwin Rommel (1891–1944)
WANN?	1944
WO?	Normandie

Der Plan für die **Invasion in Frankreich** entsteht im Mai 1943, stattfinden soll sie im Frühjahr 1944. Starke Truppenverbände werden aus den USA und Kanada nach Großbritannien verlegt, wo sie unter das Oberkommando von **Dwight D. Eisenhower** gestellt werden. Der Angriff erfolgt in den frühen Morgenstunden an fünf verschiedenen Landungspunkten in der **Normandie**. Mit der ersten Invasionswelle landen 3100 Boote mit ca. 150.000 Amerikanern, Briten, Franzosen, Polen sowie Kanadiern an der französischen Küste. 1200 Kriegsschiffe sowie 7500 Flugzeuge sichern die Soldaten. Im Hinterland werden Fallschirmspringer abgesetzt, um strategisch wichtige Punkte unter Kontrolle zu bringen. Die **Verluste** sind **enorm hoch**, doch der Angriff gelingt dank vorausgegangener Täuschungsmanöver. Zwar rechnen die Deutschen mit einem Angriff, jedoch an anderer Stelle. Auch das schlechte Wetter spricht eher für einen anderen Zeitpunkt. Kompetenzgerangel sowie Nachschubprobleme der deutschen Truppen unter Erwin Rommel begünstigen den **Vormarsch der Alliierten**, am Ende des Tages sind die Landungszonen gesichert. Der Kampf um die Normandie dauert bis in den August.

Invasion in der Normandie

AUSWIRKUNGEN

Die Landung in der Normandie ist ein wichtiger **Wendepunkt** in der Geschichte des Zweiten Weltkrieges. Knapp ein Jahr später ist der Krieg zu Ende und Deutschland besiegt.

Attentat vom 20. Juli 1944 89

Das Attentat vom 20. Juli 1944 ist nicht der erste Anschlag auf Hitler, aber der bedeutendste. Die von Graf von Stauffenberg platzierte Bombe verletzt Hitler nur leicht. Die Attentäter werden hingerichtet.

WER?	Adolf Hitler (1889–1945) Claus Schenk Graf von Stauffenberg (1907–44) Henning von Tresckow (1901–44)
WANN?	20. Juli 1944
WO?	Wolfsschanze in Rastenburg, Ostpreußen

Claus Schenk Graf von Stauffenberg

Mehrere Pläne zum Sturz Hitlers sind bereits fehlgeschlagen. Claus Schenk Graf von Stauffenberg, Henning von Tresckow sowie weitere Mitglieder des **militärischen Widerstandes** arbeiten einen Plan zum **Sturz der Regierung** aus. Unabdingbare Voraussetzung für die Übernahme der Macht ist der Tod Hitlers. Nach seiner Ermordung ist die **„Operation Walküre“** zu starten. Dieser Alarmplan mobilisiert in seiner ursprünglichen Form das Ersatzheer bei inneren Unruhen, in abgewandelter Form dient er dazu, eine neue, vom Widerstand legitimierte Staatsführung an die Macht zu bringen. Stauffenberg, Stabschef des Allgemeinen Heeresamtes, hat Zugang zu den Besprechungen im Führerhauptquartier. Anfang Juli, nach **zwei missglückten Anschlägen**, entscheidet er, das Attentat selbst durchzuführen. Am 20. Juli 1944 deponiert er bei einer Lagebesprechung in der Wolfsschanze die **Bombe**. Vor der Detonation reist er zurück nach Berlin, in dem Glauben, Hitler sei tot. Doch der Diktator ist nur **leicht verletzt**, die **Umsturzpläne scheitern** und von Stauffenberg wird noch am selben Abend verhaftet. Gemeinsam mit vier anderen Verschwörern wird er noch in der Nacht erschossen.

AUSWIRKUNGEN

Hitler übt grausam Rache und eine **riesige Verhaftungswelle** setzt ein. Der Krieg fordert weitere Millionen von Opfern.

90 Potsdamer Konferenz

In dem als „Dreimächtekonferenz“ bekanntem Zusammentreffen der Hauptalliierten Sowjetunion, Großbritannien und USA wird über die Zukunft Europas nach der Kapitulation beraten.

WER?	Winston Churchill (1874–1965) Harry S. Truman (1884–1972) Josef Stalin (1878–1953) Clement Richard Attlee (1883–1967)
WANN?	17. Juli–2. August 1945
WO?	Schloss Cecilienhof, Potsdam

Potsdamer Konferenz mit Churchill, Truman und Stalin

Im Sommer kommen in Potsdam die „großen Drei“, Josef Stalin, Harry S. Truman und Winston S. Churchill zusammen. Als dessen Nachfolger nimmt ab Ende Juli Clement R. Attlee an der Konferenz teil, deren Ziel ein **dauerhafter Frieden** in Europa ist. Gegenstand der Verhandlungen sind u.a. die **Demokratisierung**, **Entmilitarisierung** und **Entnazifizierung Deutschlands**. Beraten wird auch über die „Umerziehung“ der Deutschen, die Rückführung aus den Ostgebieten sowie über eine schnelle Beendigung des Krieges im fernen Osten. Die **gefassten Beschlüsse** werden im Abschlusskommuniqué, dem „Potsdamer Abkommen“ festgehalten. Vereinbart wird: Der **nördliche Teil Ostpreußens** geht an die **Sowjetunion**, die Gebiete **östlich von Oder und Neiße** fallen an **Polen**. Die deutsche Bevölkerung wird ausgewiesen, genauso wie aus der Tschechoslowakei und Ungarn. Bedingung für die Ausweisung ist eine humane Durchführung. Die Festlegung der endgültigen Grenzen soll in einem späteren **Friedensvertrag** geregelt werden. Deutschland wird entwaffnet, die Wirtschaft unter **alliierte Kontrolle** gestellt, und **Reparationszahlungen** werden festgelegt.

AUSWIRKUNGEN

Unter Vorbehalt tritt Frankreich dem Potsdamer Abkommen am 7. August 1945 bei. Eine gemeinsame Besatzungspolitik scheitert und **Deutschland** wird in **West- und Ostdeutschland** geteilt.

ATOMBOMBE AUF HIROSHIMA UND NAGASAKI

91

Harry S. Truman ordnet am 25. Juli 1945 den Einsatz von Atombomben gegen Japan an. Am 6. August wird „Little Boy" über Hiroshima abgeworfen, drei Tage später folgt „Fat Man" und macht Nagasaki dem Erdboden gleich.

WER?	Harry S. Truman (1884–1972)
WANN?	6. und 9. August 1945
WO?	Hiroshima und Nagasaki in Japan

Auf der **Potsdamer Konferenz** erfährt Truman von den erfolgreich verlaufenen Atombombentests. Schon am 16. Juli 1945 steht für ihn fest, dass die neuen Waffen in Japan zum Einsatz kommen sollen. Bieten sie doch die Möglichkeit, den Krieg mit dem Inselstaat ohne weitere große Verluste schnell zu beenden. Ohne Vorwarnung explodiert am **6. August 1945** um 8:16 Uhr die **erste Atombombe** über **Hiroshima**. Mehr als **70.000 Menschen** sterben sofort, bis Ende Dezember verdoppelt sich die Zahl der Toten. Die Stadt wird zu 85 Prozent zerstört. Drei Tage später am 9. August 1945 um 11:02 Uhr zündet die **zweite Bombe** über **Nagasaki**. Das Ziel, die Mitsubishi-Fabriken, wird um mehrere Kilometer verfehlt, die Kraft der Bombe zerstört dennoch 80 Prozent des Stadtgebietes und tötet 74.000 Menschen.

Atombombenangriff auf Nagasaki

AUSWIRKUNGEN

Am 2. September unterzeichnet Japan auf dem Schlachtschiff „USS Missouri" die **Kapitulationsurkunde**. Mehr als die Hälfte der rund 340.000 noch lebenden Atombomben-Opfer in Japan sind verstümmelt und haben mit **Langzeitschäden** und Krebserkrankungen zu kämpfen. Kinder werden mit genetischen Defekten geboren. Pro Jahr sterben auch heute noch Tausende an den Folgen der Bomben. Eine kostenlose medizinische Betreuung der Opfer gibt es erst seit 1968. Die Abwürfe markieren den **Beginn des Kalten Krieges** und des **atomaren Wettrüstens**. Die **Friedensbewegung** entsteht.

92 WÄHRUNGSREFORM

Am Sonntag, den 20. Juni 1948 tritt die lang erwartete Währungsreform in den drei westlichen Besatzungszonen in Kraft. Die Deutsche Mark ersetzt die inflationäre Reichsmark und wird alleiniges Zahlungsmittel.

WER?	Ludwig Wilhelm Erhard (1897–1977)
WANN?	1948
WO?	Deutschland

Nach Kriegsende wird der **Geldüberhang** in Deutschland zum Problem. Der **steigenden Inflation** soll mit einer **Währungsreform** begegnet werden, die sich jedoch aufgrund der Uneinigkeit im Alliierten Kontrollrat hinauszögert. Die Westmächte beschließen die Durchführung allein für ihre Besatzungszonen, in den USA wird das neue Geld ab Herbst 1947 gedruckt. Auf deutscher Seite wird die Reform unter der Leitung von **Ludwig Erhard** vorbereitet. Die Einführung der Deutschen Mark hat eine massive **Entwertung der Sparguthaben** zur Folge, sie werden im Verhältnis 10:1 getauscht. Mieten, Löhne sowie Renten werden 1:1 umgestellt. Gewinner der Reform sind Besitzer von Sachwerten. Pro Kopf werden am Tag der Reform 40 D-Mark ausgezahlt, im August noch einmal 20 D-Mark. Schon einen Tag nach der Reform am 21. Juni 1948 sind die Schaufenster prall gefüllt mit Waren, die vorher aufgrund der stetigen Geldentwertung zurückgehalten wurden. Der **Schwarzmarkt** bricht zusammen. In der Sowjetischen Besatzungszone wird am 23. Juni auf eine neue Währung umgestellt. Die Kopfpauschale beträgt 70 Mark, das Umrechnungsverhältnis ist gestaffelt.

Vorderseite eines 5-Reichsmark-Scheins von 1942

Eine Deutsche Mark der Erstausgabe 1948

AUSWIRKUNGEN

Die Sowjetunion riegelt **West-Berlin** ab, die **Blockade** dauert fast ein Jahr. Die stabile Währung trägt im Westen mit zum **Wirtschaftswunder der 50er-Jahre** bei. Am 1. Januar 2002 wird die D-Mark durch den Euro ersetzt.

Berlin-Blockade

93

Fast ein Jahr lang blockiert die Sowjetunion die Zufahrtswege für Güter nach West-Berlin. Mit einer Luftbrücke versorgen die Alliierten die Berliner Bevölkerung aus der Luft.

WER?	Ernst Reuter (1889–1953) Lucius Dubignon Clay (1897–1978) Josef Stalin (1878–1953)
WANN?	24. Juni 1948–12. Mai 1949
WO?	West-Berlin

Rosinenbomber

Wenige Tage nach der Währungsreform sperrt die Sowjetunion die **Wasser- und Landwege** zwischen **West-Berlin** und Westdeutschland. Die Westmächte sollen dadurch gezwungen werden, von der geplanten Gründung eines westdeutschen Staates Abstand zu nehmen. Alle Verbindungswege nach West-Berlin werden gesperrt, lediglich **drei Luftkorridore** stehen den Alliierten offen. Eine Aufgabe der Stadt kommt für die Siegermächte nicht infrage, zu groß ist die Angst, dass Stalin weiter nach Westeuropa vorrückt. So entsteht die **Luftbrücke**. Organisiert wird sie vom amerikanischen Militärgouverneur Lucius D. Clay. Im Drei-Minuten-Takt landen auf den Flughäfen Tempelhof, Tegel, Gatow, selbst auf der Havel, Maschinen der Westmächte, um alles Lebensnotwendige in die Stadt zu bringen. Die „Rosinenbomber" sichern das Überleben der Menschen, West-Berlin wird zum **Symbol für Freiheit** und einen eisernen Durchhaltewillen. Am besten zum Ausdruck gebracht wird dies durch die Reden Ernst Reuters: „Ihr Völker der Welt (...), schaut auf diese Stadt und erkennt, dass ihr diese Stadt und dieses Volk nicht preisgeben dürft, nicht preisgeben könnt!" Stalin gibt die Blockade Berlins am 12. Mai 1949 auf.

AUSWIRKUNGEN

Aus Siegermächten werden geschätzte **Schutzmächte**. In West-Berlin wird zur Vorratshaltung die „Senatsreserve" eingeführt.

94 GRÜNDUNG DER BRD UND DER DDR

Auf die doppelte Staatsgründung folgt eine Zeit des Kalten Krieges. Die Staaten driften politisch, ideologisch und wirtschaftlich auseinander.

WER?	Theodor Heuss (1884–1963), Konrad Adenauer (1876–1967), Otto Grotewohl (1894–1964), Wilhelm Pieck (1876–1960)
WANN?	23. Mai und 7. Oktober 1949
WO?	Deutschland

Konrad Adenauer

Auf Wunsch der Alliierten beginnt am **1. September 1948** der **Parlamentarische Rat** in Bonn mit der Erarbeitung eines **Grundgesetzes** für die drei Westzonen. Zuvor war auf der Insel Herrenchiemsee ein Verfassungsentwurf erstellt worden, der nun als Grundlage der Diskussion dient. Nach Verabschiedung des Grundgesetzes durch die 65 Mitglieder des Rates erfolgt die **Zustimmung** der drei Westmächte. Bis auf Bayern sprechen sich alle zehn Landesparlamente für das **Grundgesetz** aus, das am 23. Mai verkündet wird und am Tag darauf in Kraft tritt. Die **Bundesrepublik Deutschland** ist gegründet. **Theodor Heuss** wird zum ersten Ministerpräsidenten gewählt, **Konrad Adenauer** zum Bundeskanzler. Sitz der Hauptstadt wird Bonn. Als direkte Antwort darauf treibt die Sowjetunion die Gründung eines eigenen deutschen Staates voran. Schon am 30. Mai 1949 nimmt der Deutsche Volksrat in Ostberlin die **„Verfassung der Deutschen Demokratischen Republik“** an, die am 7. Oktober in Kraft tritt. Otto Grotewohl wird erster Ministerpräsident und Wilhelm Pieck erster und einziger Staatspräsident.

AUSWIRKUNGEN

Die **Spaltung der beiden Staaten** nimmt in den Folgejahren zu. Während sich die BRD am Westen orientiert, fügt sich die DDR in den Ostblock ein. Der **Mauerbau** zementiert die Trennung scheinbar endgültig.

Mauerbau

95

In der Nacht vom 12. auf den 13. August 1961 riegeln die NVA und die Deutsche Grenzpolizei die Verkehrswege nach West-Berlin ab. Aus Farbmarkierungen und Stacheldrahtverhauen entwickelt sich eine hoch gesicherte Befestigungsanlage.

WER?	Walter Ulbricht (1893–1973)
WANN?	1961
WO?	Berlin, DDR, Bundesrepublik

Berliner Mauer

Die wirtschaftliche Lage in der DDR verschlechtert sich zusehends. Zu **Hunderttausenden fliehen** die Menschen in den Westen. Verkündete SED-Chef Ulbricht noch im Juni 1961, niemand habe die Absicht, eine Mauer zu errichten, ist es am 13. August doch soweit. Mitten in der Nacht rücken Bautrupps an, gesichert von Armee und Polizei, und beginnen an der Sektorengrenze zu West-Berlin mit dem **Bau der Mauer**. Ziel des von der DDR-Führung sogenannten „antifaschistischen Schutzwalles" ist die **Eindämmung der Flüchtlingsströme** nach Westen. Die Mauer trennt Familien, durchschneidet Dörfer, Häuser und Flüsse und kappt Verkehrsverbindungen. Zwar gibt es **internationale Proteste**, die dauerhafte Befestigung der Grenze beeinflussen sie jedoch nicht. In der folgenden Zeit wird die Mauer auf einer Länge von 1378 Kilometern an der innerdeutschen Grenze ausgebaut und perfektioniert. Die DDR-Grenztruppen erhalten den Befehl, bei unerlaubtem Grenzübertritt von der Schusswaffe Gebrauch zu machen. Ein Befehl, der viele Leben kostet: Die Zahl der **Todesopfer** allein an der **Berliner Mauer** wird mit 136 angegeben.

Auswirkungen

Sind am Anfang keinerlei Besuche erlaubt, dürfen West-Berliner ab 1963 erstmals ihre Verwandten im Ostteil besuchen. Weitere **Reiseerleichterungen** folgen Anfang der 70er-Jahre. Am 9. November 1989 fällt die Mauer.

96 Kubakrise

Die Konfrontation zwischen der USA und der UdSSR führt die Welt an den Rand eines Atomkrieges. Der Kalte Krieg erreicht seinen Höhe- und zugleich Wendepunkt.

WER?	John F. Kennedy (1917–63) Nikita S. Chruschtschow (1894–1971)
WANN?	16.–28. Oktober 1962
WO?	Kuba

Die Beziehungen zwischen den **USA** und **Kuba** sind ohnehin angespannt, als ein amerikanisches **Aufklärungsflugzeug** am 14. Oktober 1962 die Stationierung **sowjetischer Mittelstreckenraketen** auf der Insel entdeckt. Der amerikanische Präsident John F. Kennedy verhängt eine **Seeblockade**. Auch verlangt er, dass alle sowjetischen Raketen und Abschussbasen sofort abgebaut werden. Die **Verteidigungsbereitschaft** der US-Nuklearstreitmacht wird angeordnet. Als sich vor der Küste Kubas die ersten sowjetischen Schiffe der US-Flotte nähern, steht die Welt kurz vor dem Abgrund. Entschärft wird die bedrohliche Situation erst, als sich der russische Partei- und Regierungschef Nikita C. Chruschtschow am 28. Oktober bereit erklärt, auf eine **Stationierung der Waffen auf Kuba zu verzichten**. Im Gegenzug sollen die USA zusagen, dass ihrerseits keine weitere **Invasion** gegen Kuba unternommen wird. Auch sollen sie ihre Mittelstreckenraketen aus der Türkei abziehen. Um einen Atomkrieg zu verhindern, stimmt Kennedy den Bedingungen Chruschtschows zu, dem **Abzug der Waffen** aus der Türkei jedoch nur unter der Hand und nicht offiziell. 13 Tage nach Beginn der Krise ist der Atomschlag abgewendet.

Chruschtschow und Kennedy

Auswirkungen

Im Sommer 1963 wird der **„Heiße Draht“**, die direkte telefonische Verbindung zwischen Moskau und Washington installiert. Erste Verhandlungen über eine **Rüstungskontrolle** werden geführt.

ERMORDUNG KENNEDYS

97

John Fitzgerald Kennedy wird auf einer Wahlkampfveranstaltung in Dallas im offenen Wagen erschossen. Die Bilder vom Attentat gehen um die Welt. Amerika ist geschockt.

WER?	Lee Harvey Oswald (1939–63) Jack Ruby (1911–67) Lyndon B. Johnson (1908–73)
WANN?	22. November 1963
WO?	Dallas, USA

John F. Kennedy

In nur zweijähriger Amtszeit gelingt es Kennedy zu einem der **einflussreichsten Präsidenten** der USA zu werden. Er verkörpert die Vorstellung von einem **neuen, modernen Amerika**. 1963 wird Kennedy auf einer Wahlkampfreise in Dallas im offenen Wagen durch mehrere **Gewehrschüsse** ermordet. Bereits eineinhalb Stunden später wird **Lee Harvey Oswald** als Verdächtiger verhaftet und öffentlich präsentiert. Doch bevor es zum Prozess kommen kann, erschießt der Nachtklubbesitzer Jack Ruby den mutmaßlichen Kennedy-Attentäter, obwohl Oswald sich bereits in Polizeigewahrsam befindet. Der neue Präsident, Lyndon B. Johnson, setzt die Warren-Kommission ein, um die **Umstände des Attentats** aufzuklären. Die allerdings nur **dürftigen Ergebnisse** der Kommission sorgen für neue Gerüchte und **Verschwörungstheorien**, zumal sich herausstellt, dass sowohl das FBI, die CIA als auch der Secret Service einen Großteil ihrer Informationen verschweigen. Auch weitere Untersuchungen können die aufgeworfenen Fragen bislang nicht eindeutig beantworten, denn noch bis 2017 werden die Akten über die Ermordung Kennedys geheim gehalten. Angeblich soll entweder die CIA eine zentrale Rolle bei der Ermordung gespielt haben, die Mafia oder der Illuminatenorden. Es sind aber auch Fidel Castro, Lyndon B. Johnson u. a. als Drahtzieher im Gespräch.

AUSWIRKUNGEN

In den Folgejahren sorgen zahlreiche Skandale und Affären für ein negatives Image der Politik. Kennedy wird zum **Mythos**, seine **Todesumstände** beschäftigen die Menschen bis heute.

98 VIETNAMKRIEG

Der Zweite Indochinakrieg (Vietnamkrieg) wird zum Trauma Amerikas. Der Krieg geht verloren, das Ansehen der USA auch.

WER?	Richard Nixon (1913–94)
WANN?	1960/65–75
WO?	Südostasien

Vietnam ist seit 1954 in einen kommunistisch regierten **Norden** und den unter einer Militärdiktatur stehenden **Süden** geteilt. Die Befürchtungen der USA, dass der **Kommunismus** sich weiter ausbreitet, führen zu einem verstärkten Engagement in der Region. Mit der **Bombardierung** Nordvietnams am **2. März 1965** greift die **USA offensiv** in die kriegerischen Auseinandersetzungen ein. Sechs Tage später landen die ersten Kampfeinheiten der USA im Land. Bis Ende 1967 sind 500.000 US-Soldaten in Vietnam stationiert. Der **Kriegseinsatz** ist hoch, die Kriegsführung überaus brutal. Großflächige Bombardierungen, der Einsatz von Splitterbomben, Napalm und dem hoch toxischen Entlaubungsmittel „Agent Orange“, aber auch **Massaker** an der Zivilbevölkerung sorgen für ein entsetzliches Sterben. Militärisch gerät der Einsatz zur **Katastrophe**, der Kampf gegen den Dschungel und die Guerilla-Einheiten der Vietcong sind nicht zu gewinnen. Im Zuge der „Vietnamisierung“ zieht **Präsident Nixon** ab 1969 die Soldaten langsam aus Vietnam ab. **1973** wird in Paris ein **Waffenstillstand** vereinbart, die amerikanischen Truppen verlassen das Land. Am 30. April 1975 nehmen nordvietnamesische Truppen Saigon ein, Vietnam wird wiedervereinigt. Die Bilanz des Krieges: Drei Millionen Tote, davon zwei Millionen Zivilisten und vier Millionen schwer Verletzte.

Vietnamkrieg

AUSWIRKUNGEN

Die Natur in Vietnam ist zerstört und vergiftet. Noch Jahre später werden Kinder mit Missbildungen geboren. Viele Veteranen leiden bis heute an **posttraumatischen** Störungen.

Erste Mondlandung

99

Neil Armstrong betritt als erster Mensch den Mond. Die Amerikaner gewinnen den Wettlauf zum Erdtrabanten, ein Menschheitstraum geht in Erfüllung.

WER?	Neil Alden Armstrong (*1930) Michael Collins (*1930) Edwin Eugene Aldrin (*1930) Juri Gagarin (1934–68) John F. Kennedy (1917–63)
WANN?	21. Juli 1969
WO?	USA, Mond

Mondlandung 1969

Am 21. Juli 1969 um 02:56:20 Uhr setzt **Neil Armstrong** als erster Mensch den Fuß auf die Mondoberfläche. „Das ist ein kleiner Schritt für einen Menschen, aber ein riesiger Sprung für die Menschheit", teilt Armstrong Millionen von Menschen mit, die das Ereignis live vor dem Fernseher oder im Radio verfolgen. Neben Armstrong als Kommandanten der „Apollo 11" sind der Modul-Pilot **Michael Collins** und der Navigator **Edwin Aldrin** an der Mondmission beteiligt. Zusammen mit Aldrin, der als zweiter den Mond betritt, sammelt Armstrong Gestein und führt Experimente und Untersuchungen durch. Fast zwei Stunden befinden sich die beiden Männer außerhalb der Raumfähre. Sie sind insgesamt 22 Stunden auf dem Mond, bevor sie die Heimreise antreten. Die **USA** feiert einen ihrer **größten Triumphe**. Denn bislang hatten die Sowjets im Raumfahrtprogramm die Nase vorn. 1957 geht mit „Sputnik" der erste Satellit ins All, 1961 mit Juri Gagarin der erste Mensch. John F. Kennedy forciert das amerikanische Raumfahrtprogramm. 400.000 Menschen arbeiten am „Apollo-Projekt", rund 50 Milliarden Euro kostet der Traum von der Mondlandung.

Auswirkungen

Die Sowjetunion verzichtet auf ein bemanntes Mondprogramm. Bis 1972 fliegen die USA noch fünfmal zum Mond, insgesamt zwölf Amerikaner betreten ihn.

100 ÖLKRISE

Auseinandersetzungen im Nahen Osten führen zu einem Ölembargo der OPEC. Der deutliche Preisanstieg der auf einmal so knappen Ressource Öl schockiert die Bundesbürger, ungewöhnliche Maßnahmen sind die Folge.

WER?	Willy Brandt (1913–92)
WANN?	1973
WO?	Weltweit

Die **erste Ölkrise** wird durch den „Jom-Kippur-Krieg“ ausgelöst. Am 6. Oktober, dem israelischen Feiertag Jom Kippur, greifen Syrien und Ägypten unerwartet Israel an. Israel erobert Teile der syrischen Golanhöhen. Verärgert über die israelfreundliche Haltung des Westens setzen die OPEC-Länder das **Ölembargo** als Druckmittel ein. Am 17. Oktober 1973 drosseln sie den Erdölexport und lösen damit die erste weltweite Ölkrise aus. Die Preise für Öl schießen in die Höhe. Die **künstliche Verknappung** sorgt für ausverkaufte Tankstellen, Hamsterkäufe und staatlich verordnete Fahrverbote. In der Bundesrepublik erlässt die Brandt-Regierung zusätzlich zu Geschwindigkeitsbegrenzungen ein **Sonntagsfahrverbot**. Die autofreien Sonntage werden u.a. für Spaziergänge und Radtouren auf gespenstisch leeren Autobahnen genutzt. Die Maßnahmen bleiben wirtschaftlich ohne nennenswerten Erfolg, schaffen jedoch innerhalb der Bevölkerung ein Bewusstsein für die **Abhängigkeit** vom Öl. Im November fordern die Außenminister der Europäischen Gemeinschaft Israel auf, die besetzten Gebiete zu räumen, im Dezember lockert die OPEC das Embargo.

Autofreier Sonntag

AUSWIRKUNGEN

Die Wirtschaft Westeuropas erleidet einen massiven Einbruch. In der Bundesrepublik steigt die **Arbeitslosigkeit** und die Autoindustrie senkt die Produktion. Ölreserven werden angelegt, die Nutzung alternativer Energien wird vorangetrieben, die Sommerzeit eingeführt.

Deutscher Herbst

101

Die Rote Armee Fraktion (RAF) ruft zu Beginn der 70er-Jahre den bewaffneten Widerstand aus. Der Terror erreicht mit der „Offensive 77" im Herbst 1977 seinen Höhepunkt.

WER?	Siegfried Buback (1920–77), Jürgen Ponto (1923–77), Hanns-Martin Schleyer (1915–77)
WANN?	1977
WO?	Bundesrepublik Deutschland

Die Entwicklung der **RAF** zu einer kaltblütigen **Terrororganisation** erreicht mit der „Offensive 77", so der selbstgewählte Name der RAF, 1977 ihren Höhepunkt. Die erste Generation der RAF befindet sich in Haft, die zweite Generation setzt alles daran, die bereits inhaftierten RAF-Mitglieder zu befreien. Jedes Mittel dafür ist recht. Der **Generalbundesanwalt** Siegfried Buback wird erschossen, ebenso wie der Chef der Dresdner Bank, Jürgen Ponto. Mit der Entführung von **Arbeitgeberpräsident** Hanns-Martin Schleyer beginnt der „Deutsche Herbst". Die nächsten 43 Tage befindet sich die Bundesrepublik im **Ausnahmezustand**. Die Entführer fordern die **Freilassung der inhaftierten RAF-Häftlinge** im Tausch gegen Schleyer. Doch die Regierung gibt nicht nach. Nachrichtensperren werden verhängt, Rasterfahndungen eingeleitet, ein Kontaktsperregesetz wird eilig erlassen. Die Lufthansa-Maschine „Landshut" wird gekapert. Die Geiseln werden durch die GSG9 befreit, aber Schleyer wird hingerichtet. In Stammheim sterben drei RAF-Mitglieder der ersten Generation, wahrscheinlich durch Selbstmord.

Von links: RAF-Mitglieder Ulrike Meinhof, Andreas Baader, Brigitte Mohnhaupt, Christian Klar, Gudrun Ensslin, Jan-Carl Raspe

AUSWIRKUNGEN

Viele **RAF-Mitglieder** tauchen in der **DDR** unter. Der Terror nimmt ab, hört aber erst Ende der 90er-Jahre ganz auf. Am 20. April 1998 geht ein Schreiben bei der Nachrichtenagentur Reuters ein, in dem die RAF „ihr Projekt" für beendet erklärt.

102

Sowjetisch-Afghanischer Krieg

Durch den Einmarsch in Afghanistan will die sowjetische Regierung das Land stärker an sich binden. Erst zehn Jahre später ziehen die Truppen wieder ab – zermürbt und geschlagen.

WER?	James Earl „Jimmy“ Carter (*1924) Leonid Iljitsch Breschnew (1906–82)
WANN?	1979–89
WO?	Afghanistan

In der Nacht vom 25. auf den 26. Dezember 1979 **besetzen** die **sowjetischen Luftlandetruppen** den Flughafen in Kabul, weitere strategisch wichtige Punkte folgen. Am 27. marschieren die Truppen ein, stürmen den **Regierungspalast**, der afghanische Ministerpräsident wird getötet. Zwei Monate später stehen 85.000 sowjetische Soldaten im Land, die Truppe wächst bis 1988 auf ca. 115.000 Soldaten an. International wird gegen den Einmarsch protestiert. Der US-Präsident Jimmy Carter fordert am 28. Dezember Leonid Breschnew auf, die Truppen abzuziehen, doch der Kreml-Chef lehnt ab. Viele Staaten **boykottieren** daraufhin die **Olympischen Sommerspiele 1980** in Moskau. Der **Widerstand** gegen die Besetzung in Afghanistan ist groß. Großteile der afghanischen Armee, islamische Parteien und Verbände schließen sich im Kampf gegen die sowjetischen Invasoren zusammen, denen es trotz Übermacht nicht gelingt, das Land in die Knie zu zwingen. Lediglich einige Städte können von der sowjetischen Armee erobert werden, das unwegsame Bergland bleibt fest in der Hand der Widerstandskämpfer. Der Kampf um Afghanistan wird zum **militärischen Fiasko**. Im Mai 1988 verlassen die ersten sowjetischen Truppen das Land.

Leonid Breschnew

AUSWIRKUNGEN

Ein **Bürgerkrieg** bricht aus und die **Taliban** errichten einen islamistischen Gottesstaat.

Solidarność-Bewegung 103

1980 wird die Gewerkschaft Solidarność (Solidarität) in Danzig gegründet. Sie entwickelt sich zu einer politischen Kraft, die maßgeblich am Sturz des kommunistischen Regimes in Mittel- und Osteuropa beteiligt ist.

WER?	Lech Walesa (*1943) Wojciech Jaruzelski (*1923)
WANN?	1980
WO?	Gründung: Polen; Einfluss: Mittel- und Osteuropa

Preiserhöhungen für Lebensmittel führen am 14. August 1980 zur **Besetzung** der Lenin-Werft in Danzig. 16.000 Werft-Arbeiter legen ihre Arbeit nieder. Angeführt vom Elektriker **Lech Walesa** fordern sie nicht nur **wirtschaftliche Verbesserungen**, sondern auch **politische Freiheiten**. Woran niemand so recht glaubt, geschieht: Eine freie und von der kommunistischen Partei unabhängige **Gewerkschaft** wird zugelassen. Die **Solidarność** wird am **17. September 1980 gegründet**, Walesa zu ihrem Vorsitzenden erklärt. Im November erhält die Gewerkschaft die **staatliche Anerkennung**. Der Zulauf ist enorm. Auf dem Höhepunkt der Bewegung sind zehn Millionen Polen Mitglied, die Hälfte der arbeitenden Bevölkerung. Solidarność entwickelt sich schnell zu einer **politischen Bewegung**. Die Verhängung des **Kriegsrechts** durch Partei- und Regierungschef Jaruzeslki am 13. Februar 1981 führt zum **Verbot** der Gewerkschaft, Mitglieder werden inhaftiert oder unter Hausarrest gestellt. Zwei Jahre dauert das Kriegsrecht, die Gewerkschaft arbeitet im Untergrund weiter. Gespräche am runden Tisch Ende 1988 führen zur Wiederzulassung der Solidarność sowie zu halbfreien Wahlen; die Gewerkschaft gewinnt. Im Dezember **1990** wird **Walesa** zum **Staatspräsidenten** gewählt.

Lech Walesa

AUSWIRKUNGEN

Solidarność verliert an Bedeutung und politischem Einfluss. Als Gewerkschaft ist sie weiterhin aktiv.

104 SCHENGENER ABKOMMEN

Ein freier Personen- und Warenverkehr innerhalb der Grenzen der europäischen Mitgliedsstaaten ist das erklärte Ziel des Abkommens, das nach dem Ort der Unterzeichnung benannt wird.

WER?	Waldemar Schreckenberger (*1929)
WANN?	1985, 1990
WO?	Geltungsgebiet Europa

Am 14. Juni 1985 unterzeichnen Deutschland, Belgien, Luxemburg, Frankreich und die Niederlande als erste Staaten die Übereinkunft. Für Deutschland unterschreibt der Staatssekretär Waldemar Schreckenberger. „Schengen I", so wird das Abkommen später genannt, regelt die schrittweise **Einführung des freien Reiseverkehrs** ohne Personenkontrollen innerhalb der Binnengrenzen. Die Durchführung erweist sich als schwierig, Sicherheitsdefizite tauchen auf und führen zum Abschluss einer neuen Vereinbarung. „Schengen II", genauer das **Schengener Durchführungsübereinkommen** (SDÜ), wird am 19. Juni 1990 besiegelt. Unterzeichner sind die fünf Gründerländer sowie Spanien und Portugal. Schengen II regelt die Ausgleichsbestimmungen zu Schengen I. Die Einführung eines **gemeinsamen Visasystems**, die **Zusammenarbeit mit Polizei** und **Justiz**, die Behandlung von **Asylanträgen** sowie Maßnahmen gegen den grenzüberschreitenden **Drogenhandel** sind Inhalt des SDÜ. In Kraft tritt es nach Schaffung aller technischen und rechtlichen Voraussetzungen im März 1995. In den Folgejahren treten weitere Länder dem Abkommen bei, heute gehören bis auf Großbritannien und Irland fast alle EU-Staaten dazu.

Europaplatz in Schengen

AUSWIRKUNGEN

Die Bürger profitieren von den Reiseerleichterungen. Zur gezielten Terrorabwehr wird das Schengener Abkommen seit 2000 mehrmals zeitweise außer Kraft gesetzt.

Fall der Berliner Mauer 105

28 Jahre nach ihrer Errichtung fällt die Berliner Mauer – Teil einer 1378 Kilometer langen Grenze zwischen der DDR und der Bundesrepublik Deutschland.

WER?	Helmut Kohl (*1930); Erich Honecker (1912–94); Michail Gorbatschow (*1931); Egon Krenz (*1937); Günter Schabowski (*1929)
WANN?	9./10. November 1989
WO?	West-Berlin, Ost-Berlin, 1. Öffnung am Grenzübergang Bornholmer Straße

„Mauerspechte" nach dem Fall der Mauer, 1990

Anders als die Regierungen Polens und Ungarns reagiert DDR-Regierungschef **Erich Honecker** auf den Gorbatschow-Kurs mit Abwehr. Die Folge sind **Massenkundgebungen**, die immer montags zuerst in Leipzig und später auch in anderen Städten stattfinden. Honecker muss zurücktreten und übergibt am 18. Oktober seine Ämter an Egon Krenz. Am 9. November verkündet Politbüromitglied Günter Schabowski im Fernsehen überraschend die **sofortige Reisefreiheit**. Dies führt noch in derselben Nacht zu einem **Ansturm** auf die Berliner Grenzübergänge und zur **Öffnung der Grenze**. Wöchentliche **Großdemonstrationen** der DDR-Bürger und ihre Forderung nach Reisefreiheit, aber auch die wachsende Zahl der „Republikflüchtlinge" über die Botschaften in Prag und Warschau, die Grenze von Ungarn nach Österreich oder direkt über die Tschechoslowakei in die Bundesrepublik Deutschland sorgten für zunehmenden politischen Druck.

AUSWIRKUNGEN

Am 28. November 1989 stellt Helmut Kohl einen **Zehn-Punkte-Plan** zur Wiedervereinigung vor. Am 1. Juli 1990 tritt die Währungs-, Wirtschafts- und Sozialunion in Kraft. Die **Wiedervereinigung** wird am 3. Oktober 1990 vollzogen.

106 Deutsche Wiedervereinigung

Nach 45 Jahren Teilung feiern die beiden deutschen Staaten am 3. Oktober 1990 ihre Wiedervereinigung. Die DDR hört formal auf zu existieren.

WER?	Helmut Kohl (*1930) Richard von Weizsäcker (*1920)
WANN?	3. Oktober 1990
WO?	Deutschland

Nach dem **Fall der Mauer** wird die **Wiedervereinigung** der beiden Staaten forciert. So führen die ersten **freien Wahlen** zur Volkskammer der DDR am 18. März 1990 zum **Sieg des Bündnisses** „Allianz für Deutschland", das Helmut Kohls Politik der zügigen Vereinigung unterstützt. Die **Zwei-Plus-Vier-Gespräche** mit den Siegermächten führen am 12. September zur **vollen Souveränität** Deutschlands, allerdings erst, nachdem die **Anerkennung der Oder-Neiße-Linie** als Westgrenze Polens erfolgt war. Zuvor hatte die Volkskammer mit überwältigender Mehrheit den **Beitritt der DDR** zur Bundesrepublik mit Wirkung zum 3. Oktober 1990 erklärt. Volkskammer, Bundestag und Bundesrat stimmen dem ausgearbeiteten **Einigungsvertrag** zu. Dann ist es endlich soweit: Am 3. Oktober 1990 um 0:00 Uhr proklamiert der Bundespräsident **Richard von Weizsäcker** vor dem Berliner Reichstag das **wiedervereinigte Deutschland**. Einen Tag später treten die Abgeordneten des Bundestages und der Volkskammer zur ersten Sitzung des gesamtdeutschen Bundestages zusammen. Der 3. Oktober wird **„Tag der deutschen Einheit"** und **Nationalfeiertag**. Berlin löst Bonn ab und wird neue Hauptstadt.

Helmut Kohl

Auswirkungen

Am 17. Januar 1991 wird **Helmut Kohl** zum ersten **gesamtdeutschen Kanzler** gewählt. Das Zusammenwachsen der beiden Staaten gestaltet sich schwierig. Die „Mauer in den Köpfen" ist noch längst nicht bei allen überwunden.

Auflösung der Sowjetunion 107

Der Untergang der Supermacht Sowjetunion führt zum Zerfall des Reiches in viele Einzelstaaten.

WER?	Michail Gorbatschow (*1931) Boris Jelzin (1931–2007)
WANN?	1991
WO?	Sowjetunion

Die von Michail Gorbatschow eingeleiteten Reformen haben zum Ziel, eine stärkere **Eigenverantwortung** der Gesellschaft zu fördern und den Staat zu **modernisieren**. Die „Perestroika“ (russ. Umbau) soll darüber hinaus von einer größeren **Offenheit** und von höherer **Transparenz** in Bezug auf **Entscheidungsprozesse** des Staates flankiert werden. „Glasnost“ (russ. Öffentlichkeit) ist das neue Zauberwort. Doch die Perestroika entwickelt ein Eigenleben, der **politische Wandel** in Osteuropa stärkt nicht die Weltmacht in ihrer Gesamtheit, sondern die einzelnen Staaten in ihrem Bestreben nach Eigenständigkeit. Mit dem **Ausscheiden** der baltischen Staaten aus der UdSSR beginnt eine rasante Entwicklung. Im August 1991 putschen die konservativen Militärs, Gorbatschow wird isoliert, dem russischen Präsidenten Boris Jelzin gelingt die **Niederschlagung**. Auf sein Betreiben hin wird am 17. Dezember die **Gemeinschaft Unabhängiger Staaten** (GUS) gegründet. Kurz zuvor hatten die Präsidenten der Republiken Russland, Ukraine und Weißrussland die Auflösung der Sowjetunion vereinbart. Am 25. Dezember 1991 tritt Gorbatschow als Staatspräsident zurück. Die UdSSR löst sich zum 31. Dezember 1991 auf. In die völkerrechtlichen Rechte und Pflichten tritt unter Jelzins Führung die **Russische Föderation** ein.

Michail Gorbatschow

Flagge der GUS

AUSWIRKUNGEN

Russland wird als **Rechtsnachfolger** der UdSSR von der Europäischen Gemeinschaft und den USA anerkannt. Ethnische und nationale Konflikte sowie große wirtschaftliche Probleme treten in den Nachfolgestaaten auf.

108 EUROPÄISCHE UNION

Am 7. Februar 1992 wird in Maastricht der Vertrag zur Gründung der Europäischen Union (EU) unterschrieben. Die Union wird zum Erfolgsmodell. Sie wächst von zwölf auf 27 Mitgliedsländer.

WER?	Robert Schuman (1886–1963)
WANN?	1993
WO?	Europa

Die Idee, ein vereinigtes Europa zu gründen, ist nicht neu. Schon nach dem Zweiten Weltkrieg gibt es erste Überlegungen zur Bildung einer **Staatengemeinschaft**. Ziel war die Verhinderung eines Krieges durch gegenseitige Kontrolle und Zusammenarbeit. Der französische Außenminister **Robert Schuman** entwickelt dazu einen Plan und wenig später folgt die Umsetzung. 1951 gründen Belgien, Westdeutschland, Frankreich, Italien, Luxemburg und die Niederlande die „Montanunion", 1957 folgen „Euratom" und die **Europäische Wirtschaftsgemeinschaft** (EWG).

Robert Schumann

Wirtschaftliche Fragen stehen dabei immer im Vordergrund. Die erkennbaren Vorteile der EWG führen zum Beitritt weiterer Mitglieder. Mit der Norderweiterung treten 1973 Großbritannien, Dänemark und Irland bei, mit der Süderweiterung 1981/82 folgen Griechenland, Spanien und Portugal. Die Wiedervereinigung führt zur automatischen Aufnahme der ehemaligen DDR. Mit dem **Vertrag von Maastricht**, der am 1. November 1993 in Kraft tritt, wird die **Europäische Union** gegründet. Der Vertrag beinhaltet die Gründung einer Wirtschafts- und Währungsunion, eine engere Abstimmung in außen- und sicherheitspolitischen Fragen sowie die Zusammenarbeit der Ressorts Inneres und Justiz.

AUSWIRKUNGEN

Zur EU gehören heute **27 Mitgliedsstaaten**, weitere Länder wie die Türkei wollen dem Staatenbund ebenfalls beitreten. Der **Euro** als gemeinsame Währung ist in den meisten EU-Ländern seit 2002 eingeführt.

109 Bürgerkrieg in Jugoslawien

Der Vielvölkerstaat Jugoslawien zerfällt. Blutige Bürgerkriege sind die Folge, aus Nachbarn werden erbitterte Feinde.

WER?	Slobodan Milosevic (1941–2006), Franjo Tudman (1922–99), Alija Izetbegovic (1925–2003)
WANN?	1991–95
WO?	Jugoslawien

Der Bürgerkrieg bricht aus, als einzelne jugoslawische Republiken ihre Unabhängigkeit erklären wie Kroatien und Slowenien am 25. Juni 1991. Daraufhin kommt es in Slowenien zu zweiwöchigen **bewaffneten Auseinandersetzungen** mit der serbisch dominierten jugoslawischen Volksarmee und der slowenischen Volksmiliz. Durch Vermittlung der EU wird ein **Waffenstillstand** geschlossen. Der Krieg verlagert sich weiter nach **Kroatien**, wo an die 13 Prozent Serben wohnen. Sie wollen den neu gegründeten Staat nicht anerkennen, ein blutiger **Bürgerkrieg** entbrennt. Ähnlich sieht es in Bosnien und Herzegowina aus. Bislang lebten hier bosnische Muslime, Kroaten und Serben friedlich miteinander. Jetzt greift ein brutaler Bürgerkrieg um sich, der sich durch die systematische Vertreibung von Volksgruppen sowie Gewalt gegen die Zivilbevölkerung auszeichnet. Die Vereinten Nationen richten **Schutzzonen** ein und verhängen Sanktionen, trotzdem erreicht der Krieg im Juli 1995 mit dem **Massaker von Srebrenica** einen weiteren grausamen Höhepunkt. Bosnische Serben ermorden mehr als 7000 muslimische bosnische Männer und 30.000 Einwohner werden vertrieben. Erst das im November geschlossenen **Dayton-Abkommen**, unterzeichnet von Milosevic, Tudman und Izetbegovic, schafft eine Friedenslösung für Bosnien.

Von links: Milosevic, Izetbegovic und Tudman

Auswirkungen

Das Massaker von Srebrenica gilt als das schwerste Kriegsverbrechen in Europa seit dem Zweiten Weltkrieg. Die **Kriegsverbrechen** aus den Jugoslawienkriegen werden seit 1993 vor dem UN-Kriegsverbrechertribunal in Den Haag verhandelt.

110

Rückgabe von Hongkong

Nach 156 Jahren britischer Kolonialherrschaft wird Hongkong am 1. Juli 1997 an China übergeben.

WER?	Margaret Thatcher (*1925) Deng Xiaoping (1904–97)
WANN?	1. Juli 1997
WO?	Hongkong

Mit einem gewaltigen Festakt feiert China den **Abzug der Briten** aus Hongkong. Seit 1842, als die chinesische Regierung die Insel „Hongkong Island“ nach dem verlorenen Opiumkrieg abtreten muss, ist sie unter britischer Herrschaft. Auch die Halbinsel „Kowloon“, die „New Territories“, die das Umland bilden, sowie die überwiegend unbewohnten Inseln „Outlying Islands“ sind in britischer Hand. Zusammen machen diese Gebiete die heutige Fläche Hongkongs von etwa 1100 Quadratkilometern aus. Die „New Territories“ gehören dabei den Briten nicht auf ewig. Sie wurden für 99 Jahre von den **Chinesen gepachtet**, um die Versorgung der Inseln sicherzustellen. Margaret Thatcher hofft auf eine Verlängerung des Pachtvertrages, doch China beharrt auf der **fristgerechten Rückgabe**. Damit ist auch die Zukunft der Inseln besiegelt. Ohne Hinterland nicht lebensfähig, werden sie nach der Zusage Deng Xiaopings, dass die **wirtschaftliche Souveränität** Hongkongs unangetastet bleibt, ebenfalls mit übergeben. Unter der Maxime „Ein Land, zwei Systeme“ wird Hongkong **Sonderhandelszone** und behält – zumindest für das nächste halbe Jahrhundert – weitestgehend seine **Autonomie**. Nach Unterzeichnung der Rückgabeverträge setzt eine erste **Ausreisewelle** ein. Eine zweite folgt nach dem **Massaker** auf dem Tian’anmen-Platz, einem Volksaufstand, der durch chinesisches Militär gewaltsam beendet wurde.

AUSWIRKUNGEN

Der **Sonderstatus Hongkongs** existiert bis heute. Geplante Restriktionen oder Einschränkungen scheiterten bislang an massiven Protesten der Bevölkerung.

Hongkong Island

11. SEPTEMBER 2001

111

Am Morgen des 11. September 2001 rasen zwei entführte Linienmaschinen in die Türme des World Trade Centers in New York. Die Terroranschläge verändern die Welt.

WER?	George W. Bush (*1946) Osama bin Laden (vermutlich *1957)
WANN?	11. September 2001
WO?	New York, Washington, Pittsburgh

Die Twin Towers vor dem Anschlag

Am 11. September 2001 um 8:46 Uhr schlägt eine Maschine der American Airlines im Nordturm des **World Trade Centers** ein. Alles deutet auf einen tragischen Unfall hin, bis um 9:03 Uhr ein zweites Flugzeug direkt in den Südturm rast. Unvorstellbares Entsetzen macht sich breit, als die beiden brennenden Türme nur wenig später kollabieren und Tausende Menschen unter sich begraben. Inzwischen ist Präsident George W. Bush informiert, mit versteinerter Miene nimmt er die Nachricht entgegen. Zwei weitere gekaperte Flugzeuge sind noch unterwegs. Um 9:37 Uhr stürzt die dritte Maschine über dem **Pentagon** in Washington ab, die vierte zerschellt auf freiem Feld bei Pittsburgh. Um die 3000 Menschen sterben an diesem Tag in den Twin Towers oder in unmittelbarer Nähe, 246 Passagiere und Besatzungsmitglieder in den vier entführten Flugzeugen, 125 im Pentagon. Die 19 **Selbstmordattentäter**, die die Maschinen steuern, werden dem Kreis der von Osama bin Laden geführten Terrororganisation **Al-Quaida** zugerechnet.

AUSWIRKUNGEN

Am 12. September verurteilt der Sicherheitsrat der Vereinten Nationen die Anschläge einstimmig. Die NATO ruft den **Bündnisfall** aus. George W. Bush kündigt dem Terror den Krieg an, **militärische Interventionen** in Afghanistan und im Irak sind die Folge. Weltweit werden die **Sicherheitsbestimmungen** drastisch verschärft.

Register

Bildnachweis

dpa Picture-Alliance, Frankfurt: 33, 34, 39, 46, 48, 49, 50, 100, 101, 103, 115, 118, 119, 123

fotolia.de: Wumba 9, Christian Jung 78, robert paul van beets 125

Gruppo Editoriale Fabbri, Mailand: 6, 11, 13, 14, 21, 23, 26, 27, 28, 29, 30, 31, 32, 37, 38, 40, 47, 52, 57, 61, 62, 65, 67, 76, 83, 111, 120, 121 o., 122

Lidman Production, Stockholm: 5, 7, 10, 12, 16, 18, 19, 20, 22, 24, 45, 53, 54, 55, 56, 58, 59, 60, 63, 64, 68, 69, 71, 72, 73, 74, 75, 77 o., 80 o., 84, 85, 89, 90, 93, 94, 96, 98, 99, 102, 108, 112, 116, 117 u.